映画は変わった

主役はスターからアニメの時代へ

西川 昭幸

ごま書房新社

はじめに　アニメ映画「鬼滅の刃　無限列車編」が社会現象に！

世界中がコロナ禍で社会に深刻な影を落としている二〇二〇（令和二）年一〇月一六日（金）、アニメ映画「鬼滅の刃　無限列車編」（監督・外崎春雄）が公開され超ヒットになり、社会現象を巻き起こした。映画の公開初日には各映画館に、朝六時から客が詰めかけ、「TOHOシネマズ新宿」では一二有るスクリーンの内、一一スクリーンで「鬼滅の刃 無限列車編」を上映した。一日四二回、八千人の観客を飲み込んだ。映画は全国四〇三スクリーンで上映。初日の観客数と興収が平日の歴代一位となった。

その勢いを反映した結果が二〇二一（令和三）年一月二七日、日本映画製作者連盟（映連）から発表された。それによると二〇二〇（令和二）年度は「鬼滅の刃　無限列車編」が、「千と千尋の神隠し」（興収三一六億八、〇〇〇万円）を抜いて、興行収入三六五億五、〇〇〇万円を上げ、歴代興収一位となった。一九年ぶりの記録更新である。作品は四月に入ってもまだ上映中で、コロナ禍の中、四〇〇億円に近づく驚異の進撃を続けている。

「鬼滅」の大ヒットは良い事ばかりではなかった。ベネチァ国際映画祭で銀獅子賞（監督賞）を受賞した蒼井優、高橋一生出演の「スパイの妻」（監督・黒沢清）は「鬼滅」と同じ一〇月一六日に公開したが、土日を中心にスクリーンは「鬼滅」に割り当てられ、興収が一〇億円に届かず、ベスト・テン二〇位にも入らなかった。

また一〇月三〇日に公開した小栗旬、星野源出演の話題作「罪の声」（監督・土井裕泰）も苦戦した。マスコミの話題が「鬼滅」ばかりに集中したのでPR面で煽りを食った。それでも健闘し興収一二億二、〇〇〇万円を売上げた。話題が少なく客の入らない作品は「鬼滅」が弾き飛ばしスクリーンから消えた。これが単館劇場と違うシネコンの特性である。

「鬼滅の刃」の勢いに飲み込まれた「罪と声」
右から星野源、小栗旬（令和2年）

また、二〇二〇年の興行で特筆すべきは、宣伝先行で話題いっぱいに二〇一九年一二月二七日公開した「男はつらいよ　お帰り寅さん」（第五〇作）が不振だったことである。作品は興収一四億七、〇〇〇万円を上げ、ベスト・テン一一位にかろうじて入ったが、日本一興行力のあった「男はつらいよ」も、いまやその力は無くなった。

往年は俳優の顔だけで映画館がいっぱいになった時代があった。「銀幕スター」、「映画スター」と呼ばれ興行力があった。そうした時代、撮影所はとにかく忙しく、俳優やスタッフはセットからセットへと文字通り駆け足で移動していた。それが今では撮影所に大スターの姿は無く、テレビ番組の製作工房と化している。

さらに現代は、映画もネットで配信され、その売り上げが映画の興行収入を超えた。映画関係者は、二〇一九（令和元）年には映画の観客動員数が増え、売り上げが延び、日本映画は絶好調だと鼻息が荒かった。しかし、その中身を探ると映画界のブラックホールが見えて来る。それはアニメ映画に押された実写映画の低迷である。併せて、シネコンの登場で地方の単館劇場が消え、都会の映画館が益々ミニ化していることである。

平成に入り映画を取り巻く環境が激変した。映画会社が自主製作をせず、製作委員会方式で赤字リスクを避ける製作をしている。結果、映画から大スターが生まれるシステムが崩壊した。

今や映画のスターは高倉健や吉永小百合ではない。「ドラえもん」や「名探偵コナン」、「鬼滅の刃」の炭治郎などのコミックのキャラクターである。それだけアニメ映画やコミック原作の映画以外、ヒット作が出なくなった。毎年の興行収入ベスト・テンを見てもアニメ映画が常に五本～六本が入っている。更に実写映画でもコミック原作が多い。

こうした傾向は、ジブリの「魔女の宅急便」がヒットした一九八九(平成元)年から顕著になった。その後、アニメが市民権を得て、二〇一九（令和元）年の「君の名は。」から、二〇二〇（令和二）年の「鬼滅の刃　無限列車編」でピークを迎えた。

たまにある実写映画も近年はベストセラー小説の原作物が多く、オリジナル作品は少ない。過去に小津安二郎、木下恵介、黒澤明、市川崑、深作欣二、山田洋次監督などが、脚本家と格闘し、独自の物語を練り上げて、撮影してきたシステムは遠い過去の遺物になってきた。

映画界が五社協定だとか、プログラムピクチャー、ブロック・ブッキング・システムなどの旧態然とした体制を固持したツケが一辺に跳ね返って来たのだ。映画会社の責任は重い。

ところが近年、日本の映画製作本数はなぜか増えている。映画は時代と共に変わる。その変わり様も一〇年周期である。変遷する映画。本書はその歴史の現在・過去・未来を探っていく。

西川昭幸

映画は変わった《目次》

第二章　映画はどう変わるか？

「劇場版『鬼滅の刃』無限列車編」
©吾峠呼世晴／集英社・アニプレックス・ufotable

第Ⅰ部 日本映画の現在・過去・未来

第一章　アニメ映画が世界を駆ける

好調の映画界がコロナ禍で一転

映画が人を魅了してやまない理由の一つは、非日常の体験といえるだろう。緻密に作りこまれた大画面の映像は、過去や未来の世界をはじめ、自分とは異なる人物の人生に没入させてくれる。その映画が今はコロナ禍で苦悩している。二〇一九(令和元)年には「絶好調で作品本数も増えた。観客も増えた」と関係者の鼻息は荒かったはずが、一転した。

「鬼滅」は大ヒットしたけれど興行収入は過去最低へ転落！

日本映画製作者連盟（映連）が発表した二〇二〇（令和二）年度の映画概況は、コロナ禍で入場者は一億六一三万人と、映連発足の一九五五（昭和三〇）年以降で最低を記録した。これまでの最低入場者は一九九六（平成八）年の一億一、九五七万人だったがそれを更新した。

映画館が約二か月もの休業を余儀なくされ、客席も五〇％制限の期間が長かった厳しい年を反映する結果となった。興収総額は前年比五四・九％の一、四三二億円でこちらも現行の

過去5年間の年度別 邦画興行収入ベスト10

2016年　邦画興行収入ベスト10　　　＜太字は実写映画＞

順位	作品名	興行収入	配給会社
1位	君の名は。	250.3億円	東宝
2位	**シン・ゴジラ**	82.5億円	東宝
3位	名探偵コナン 純黒の悪夢	63.3億円	東宝
4位	映画 妖怪ウォッチ エンマ大王と5つの物語だニャン！	55.3億円	東宝
5位	ONE PIECE FILM GOLD	51.8億円	東映
6位	**信長協奏曲**	46.1億円	東宝
7位	映画ドラえもん 新・のび太の日本誕生	41.2億円	東宝
8位	**暗殺教室～卒業編～**	35.2億円	東宝
9位	**orangeーオレンジー**	32.5億円	東宝
10位	この世の片隅に	26.7億円	東京テアトル

2017年　邦画興行収入ベスト10

順位	作品名	興行収入	配給会社
1位	名探偵コナン から紅の恋歌(ラブレター)	68.9億円	東宝
2位	映画ドラえもん のび太の南極カチコチ大冒険	44.3億円	東宝
3位	**銀魂**	38.4億円	WB
4位	劇場版ポケットモンスター キミにきめた！	35.5億円	東宝
5位	**君の膵臓をたべたい**	35.2億円	東宝
6位	メアリと魔女の花	32.9億円	東宝
7位	妖怪ウォッチ 空飛ぶクジラとダブル世界の大冒険だニャン！	32.6億円	東宝
8位	劇場版ソードアート・オンライン ーオーディナル・スケールー	25.2億円	アニプレックス
9位	**忍びの国**	25.1億円	東宝
10位	**22年目の告白ー私が殺人犯ですー**	24.1億円	WB

2018年　邦画興行収入ベスト10

順位	作品名	興行収入	配給会社
1位	**コード・ブルー ドクターヘリ緊急救命**	93.0億円	東宝
2位	名探偵コナン ゼロの執行人	91.8億円	東宝
3位	ドラえもん のび太の宝島	53.7億円	東宝
4位	**万引き家族**	45.5億円	GAGA
5位	**銀魂2 掟は破るためにこそある**	37.0億円	WB
6位	**DESTINY 鎌倉ものがたり**	32.1億円	東宝
7位	**カメラを止めるな!**	31.2億円	アスミック・エース
8位	劇場版ポケットモンスター みんなの物語	30.9億円	東宝
9位	**検察側の罪人**	29.6億円	東宝
10位	未来のミライ	28.8億円	東宝

2019年　邦画興行収入ベスト10

順位	作品名	興行収入	配給会社
1位	天気の子	140.6億円	東宝
2位	名探偵コナン 紺青の拳	93.7億円	東宝
3位	キングダム	57.3億円	東宝/SPE
4位	劇場版 ONE PIECE STAMPEDE	5.55億円	東映
5位	映画ドラえもん のび太の月面探査記	50.2億円	東宝
6位	マスカレード・ホテル	46.4億円	東宝
7位	ドラゴンボール超 ブロリー	40.0億円	東映
8位	翔んで埼玉	37.6億円	東宝
9位	記憶にございません!	36.4億円	東宝
10位	ミュウツーの逆襲 EVOLUTION	29.8億円	東宝

2020年　邦画興行収入ベスト10

順位	作品名	興行収入	配給会社
1位	劇場版「鬼滅の刃」無限列車編	365.5億円	東宝/アニプレックス
2位	今日から俺は!!劇場版	53.7億円	東宝
3位	コンフィデンスマンJP プリンセス編	38.4億円	東宝
4位	映画ドラえもん　のび太の新恐竜	33.5億円	東宝
5位	事故物件 恐い間取り	23.4億円	松竹
6位	糸	22.7億円	東宝
7位	劇場版　ヴァイオレット・エヴァーガーデン	21.3億円	松竹
8位	カイジ ファイナルゲーム	20.6億円	東宝
9位	劇場版 Fate/stay night [Heaven's Feel] III. spring song	19.5億円	アニプレックス
10位	僕のヒーローアカデミア THE MOVIE ヒーローズ:ライジング	17.9億円	東宝

統計方法が始まった二〇〇〇（平成一四）年以降、最低の数字。二〇一九（令和元）年に過去最高の興収総額二、六一一億八、〇〇〇万円を記録したのに一転、底まで落ちた。

邦画興行は前年比二三・一％減の一、〇九二億七、六〇〇万円となった。「鬼滅の刃　無限列車編」が興収三六五億五、〇〇〇万円を稼ぎ出し、年間総額の約三三％を占めるメガヒットとなり、明るい話題を提供する一方、ハリウッド大作は軒並公開延期となり、洋画収入は前年度比二八・六％と三割以下となった。興行総額のうち邦画が占める割合は七六・三％。一三年連続で洋画を上回った。

公開数は昨年度より二六一本少ない一、〇一七本。興収一〇億超えの作品は邦画二〇本、洋画四本（昨年度はそれぞれ四〇本、二五本）しかなかった。

邦画の興収ベスト三は①アニメ「鬼滅の刃　無限列車編」、②コミック原作の「今日から俺は!!　劇場版」、③実写「コンフィデンスマンJP　プリンス編」である。ベスト・テン作品の中にアニメ五本、コミック原作の実写一本、実写作品五本。毎年、アニメ作品の市場占有率が多くなってきている。

好調だった二〇一九年度の映画界

映画界が絶好調だった二〇一九（令和元）年は、映画興行収入が二、六一一億八、〇〇〇万円となり、現在の発表形式に変わった二〇〇〇（平成一二）年以降で過去最高になった。入場者も前年比一五・二％増の一億九、四九一万人を記録。一億九、〇〇〇万人を超えたのは一九七一（昭和四六）年依来、四八年ぶりとか。東宝の島谷能成社長は観客の増加について「目標の二億人まであと一歩のところまで来た。達成まで何とか頑張りたい」と意気込みを語っていた。

現在、ネットフリックスなどの動画配信サービスの利用が広がり、映画興行には痛手になると考えられたが、映画関係者は「すみ分けが明確になり、映画には家庭で味わえないようなスペクタル性やイベント性がより求められるようになった」。また「都心に、良い設備のシネコンが増え、映画を観る環境が整って来た」。更に「壁一面のスクリーンと迫力の音響が楽しめる「ＩＭＡＸ」が近年登場して人気を集めているように、テレビやスマホでは出来ない、ふだん味わえない体験を多くの人が求めている」などと語っている。たしかに、映画界の好調原因をみるとシネコンと、アニメ作品の貢献が大きいことがよくわかる。

長く続いた不振時代を脱出！

アニメ映画が定着するまでの日本映画は、一九六二（昭和三七）年以降、永く深い低迷期が約四〇年間続いた。映画各社はこの間、不況脱出のためボーリング場とかホテル事業に手を出したが長続きせず、更に赤字を抱え、直営劇場の売却で凌ぐしかなかった。

一九九三（平成五）年、映画の観客数が一億四、一〇〇万人と最低を記録。全盛期の一〇分の一に落ち込み映画産業が崩壊すると囁かれた。

こうした凋落に歯止めをかけたのが、彗星のごとく登場した角川映画である。一九七六（昭和五七）年、映画界に進出した第一作「犬神家の一族」（監督・市川崑）がいきなり興行収入ベスト・テン二位となり、以後、「人間の証明」「野生の証明」「復活の日」「探偵物語」など低迷する日本映画を約一〇年間支えた。

角川映画の後、もう一社、映画界に貢献したのがフジテレビである。フジテレビはテレビ番組で「三匹の侍」を演出していた五社英雄監督が、映画を撮りたいというので一九六九（昭和四四）年五月公開の「御用金」に一部出費したのが映画進出の最初であった。

その後、一九八三（昭和五八）年に学習研究社と共同出資した「南極物語」がいきなり興行収入ベスト・テン一位になり興収・観客動員数で日本新記録を樹立した。映画がビジネスチャンスと知ったフジテレビは、ここから本格的に映画産業へ進出する。

その後フジテレビは、「子猫物語」「竹取物語」「踊る大捜査線」「海猿」「劇場版コード・ブルー ドクターヘリ緊急救命」など数多くのヒットを飛ばし日本映画界を支えた。かつてテレビが映画を衰退させたと騒いでいた時代を考えると、今や隔世の感がある。フジテレビの映画は二〇二〇（令和二）年七月現在、一九八本が公開され、どれもヒット作品が多い。今や既存の映画会社を凌駕《りょうが》している。

更にこの後、アニメのジブリが数々のヒット作品を生み出していく。特に一九八九（平成元）年に「魔女の宅急便」が興収ベスト・テン一位に輝いてから、約一二年間、邦画界に貢献し現在に至っている。

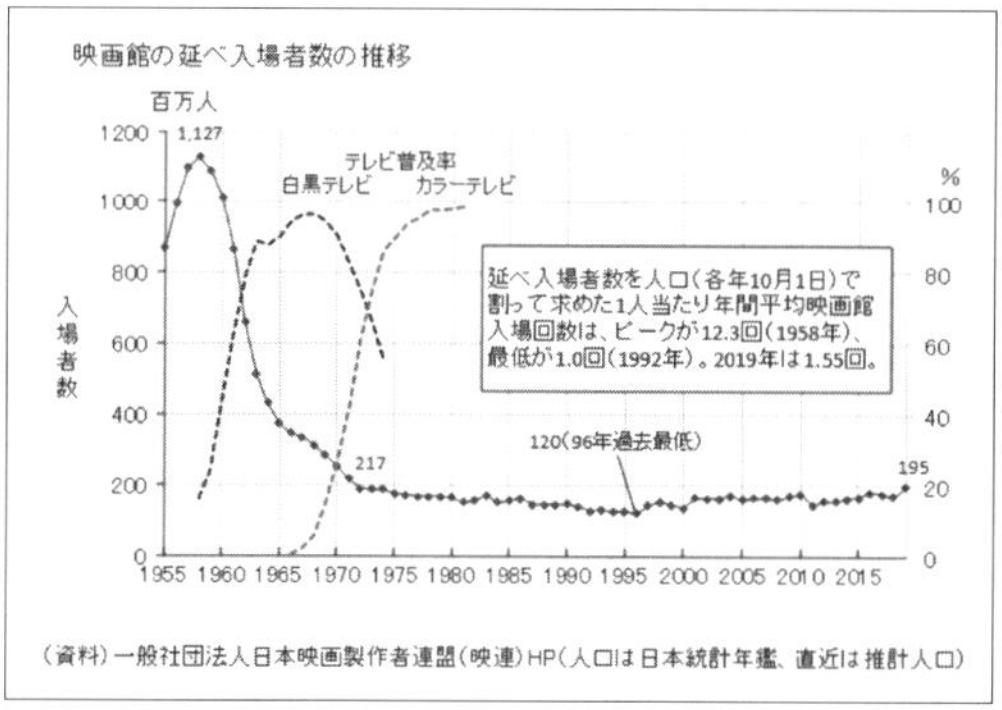

（資料）一般社団法人日本映画製作者連盟（映連）HP（人口は日本統計年鑑、直近は推計人口）

日本映画が低迷を脱していったのは一九九九（平成一一）年からである。時代も後押しした。バブル経済が崩壊し、洋画の公開本数が激減。逆に邦画の方は徐々に本数を増やしていった。そこにはアニメ映画の台頭とシネコンの普及があった。

アニメが日本映画を支える

アニメの歴史は古い。日本最初のカラー長編アニメ映画を製作したのが東映アニメーション㈱である。一九四八（昭和二三）年一月に日本動画㈱（後の日動映画㈱）として設立した会社は、東映に買収され一九五六（昭和三一）年八月に東映動画㈱と社名変更。その東映動画が一九五八（昭和三三）年一〇月二二日公開した総天然色「白蛇伝」が日本最初の本格的な長編マンガ映画だった。（当時はアニメーション映画とはいわなかった）

以後、東映動画は「少年猿飛佐助」「西遊記」「安寿と厨子王丸」「わんわん忠臣蔵」「ひょっこりひょうたん島」「太陽の王子ホルスの大冒険」「長靴をはいた猫」など、多くの長編名作アニメを輩出したが、一九七八（昭和五三）年一二月公開の「龍の子太郎」でオリジナル長編作品の製作を中止する。

テレビアニメの番組製作が急増し、製作時間のかかる長編映画の費用と人を惜しんだからである。この時代、漫画映画は、まだ子供層が主要ターゲットだった。

その後、東映動画は一九九八（平成一〇）年一〇月、現在の東映アニメーション㈱と社名変更。オリジナル長編アニメが作れなくなった高畑勲と宮崎駿は東映動画を去り、二〇〇五（平成一七）年四月、㈱スタジオジブリを設立していく。

「宇宙戦艦ヤマト」でアニメ映画に火が付く

アニメが若者層を取り込み、本格的に映画に定着したのは一九七七（昭和五二）年の「宇宙戦艦ヤマト」（原作・西崎義展）からである。「宇宙戦艦ヤマト」はその年の興収ベスト・テン九位に入り、翌年の一九七八（昭和五三）年の「さらば宇宙戦艦ヤマト」がベスト・テン二位に。更に翌年の一九七九（昭和五四）年には「銀河鉄道９９９」（原作・松本零士）がついに興収ベスト・テン一位に躍り出て、アニメブームが到来した。これ以降、「機動戦士ガンダム」「ドラえもん」「キン肉マン」「キャプテン翼」などがベスト・テンに顔を出した。

「宇宙戦艦 ヤマト」(原作/西崎義展・昭和52年)

アニメが更に力をつけたのは、一九八九（平成元）年「魔女の宅急便」が興行収入ベスト・テン一位になってからである。平成に入り興行収入一位のアニメ映画は、一九九一（平成三）年「おもひでぽろぽろ」、一九九二（平成四）年「紅の豚」、一九九四（平成六）年「平成狸合戦ぽんぽこ」、一九九五（平成七）年「耳をすませば」、一九九七（平成九）年「もののけ姫」、などのジブリ作品が名を連ねた。

一九九九（平成一一）年には「ポケットモンスター幻のポケモン・ルギア爆誕」。以後、「劇場版ポケットモンスター」「千と千尋の神隠し」「猫の恩返し」「ハウルの動く城」「ゲド戦記」「崖の上のポニョ」「借りぐらしのアリエッティ」「コクリコ坂から」「風立ちぬ」「劇場版妖怪ウォッチ誕生の秘密だニャン」などが一位になっていく。

この間、「クレヨンしんちゃん」「名探偵コナン」「ワンピース」などもベスト・テンの常連になり、アニメが完全に定着していった。それを決定づけたのが二〇一六（平成二八）年の「君の名は。」（監督・新海誠）である。なんと驚くなかれ、興行収入二五〇億三、〇〇〇万円をあげ興収の日本歴代二位を記録したのだ。（二〇二〇年一月現在）

これには業界も驚いた。「君の名は。」の興収は一五億円位と踏んでいたからである。この現象を映連の華頂尚隆事務局長は、「アニメは〝もののけ姫〟以来、映画で見る事が抵抗なく観客の中で定着して来た。劇場では予告編が上映され、また観ようという意識が、巡回転している。そうした事がアニメの成功に繋がっている。併せて上映するシネコンシステムが大きい」と語る。更に二〇二〇（令和二）年は「鬼滅の刃　無限列車編」が歴代興収一位の大ブームである。

アニメの勢いは止まらない。

アニメ映画で特記したいのは「ドラえもん」である。第一作は一九八〇（昭和五五）年三月一五日「ドラえもん　のび太の恐竜」として公開。これが観客三二〇万人を動員して、一五億六、〇〇万円の興行収入をあげた。二〇二〇（令和二）年だけはコロナ禍で上映日が夏の八月七日になったが第四〇作「ドラえもん　のび太の新恐竜」も、またまた大ヒットである。四〇年間出す作品の全てが大ヒット。この現象は世界の映画界でも珍しいケースである。これに次いで「名探偵コナン」が続く。

こうしたアニメ映画の隆盛は日本映画だけでは無い。世界的なコンテンツとして定着している。併せてコミックの実写版も多い。二〇一九（令和元）年のアメリカ本土の興収ベスト・テンを見てもディズニー作品が八作を占めている。

「鬼滅の刃　無限列車編」大ヒットの理由《わけ》は

では超メガヒットを飛ばした「鬼滅」の大ヒット要因は何なのか。

それは何より作品が素晴らしいことである。映像のクオリティーが高く、登場する少年少女たちの個性が魅力的であること。主人公があらゆる苦難に耐え、家族愛と優しさで、絶望を押し返し、妹を助けるという兄妹愛、友情などが日本人の琴線に触れたことが大きい。シンプル

「鬼滅の刃　無限列車編」
©吾峠呼世晴／集英社・アニプレックス・ufotable

な成長物語も、客層の幅を広げている。これがコロナ禍で沈みがちな観客の心に響いた。それがまた観た人の口コミで増えて行った。大人の女性ファンが多いのも特徴で「親目線」で楽しんでいる人も多いのではないか。

「鬼滅の刃」（集英社）は吾《ご》峠《とうげ》呼《こ》世《や》晴《はる》原作の少年漫画である。それがアニメ化され地方局（二〇局）の深夜放送で放送していた。ところが若者から面白いと評判になった。関西テレビとフジテレビがこれに目をつけ、ゴールデン帯で放送してから、幅広い層の目に触れ、人気に火が付いた。原作本はバカ売れし、全二三巻の国内の総売り上げが一億二千万部を突破。海外版も「デーモン・スレイヤー」のタイトルで、売れに売れている。

最も従来のコミック作品と違うところは、一人のヒーローが活躍するのではなく、登場する人物それぞれが、弱い自分を自覚しながら、仲間とお互いを助け合って共闘する物語になっている事で、一人で全てを背負う姿が理想とされてきた価値観から、仲間に助けてもらいながら戦うという新しい価値観に変わってきていることもある。

また敵役の鬼を通して、厳しい社会の現実も描いていて、戦いで敗れた鬼が首を失い、死ぬ前の一瞬に人間性を取り戻すなど、考えさせる要素などがたくさんある。

また他のアニメ映画との相乗効果、全年齢型のコンテンツや、物語がのめりこみやすい設定などがある。勧善懲悪ものから、考える内容へと変わり、世界も日本のアニメを受け入れるようになった。

更に親世代が漫画世代で育ったことも見逃せない。漫画がようやく市民権を得たのは平成に入ってからで、読む（活字）文化から、見る（画・映像）文化へ変わった。携帯やスマホが普及したことも大きい。

コロナ禍の巣ごもり生活で、原作漫画や配信でアニメに触れる人が増えたこともある。また洋画大作の公開延期や、ちょうどコロナ対策の席数制限を止めたタイミングの上映だったことも有りスクリーンを最大限に確保でき、「鬼滅」が映画館ジャックする形になった。

プロモーションの上手さもある。映画はいちげんさんでも分る構成の作品になっていて、幅広い層に受け入れ易い。ネットフリックスやＨｕｌｕなど、二〇超の配信サービスで映像を流し、テレビでも間断なく情報を流すし、映画の上映館も目いっぱい広げた。完結本の発売も映画の上映に合わせ話題を煽った。歌手・ＬｉＳＡの映画主題歌「炎」も流行り、オリコン・シングルランキングで十一週連続一位を獲得し、第六二回日本レコード大賞・大賞まで受賞して歌を浸透させた。

とにかく情報量が途切れず露出量がすごい。話題が話題をよび「鬼滅」を知らない人まで呼び込んだ。それでも作品に力があるから失望させなかった。決定的なのは企業とのタイアップで､街に「鬼滅」のキャラクターを氾濫させ映画との相乗効果を発揮した。その経済効果は二、七〇〇億に上ると第一生命経済研究所が発表した。

作品は二〇二〇（令和二）年一二月二七日、日刊スポーツ映画大賞で、その年に最もファンの支持を得たスケールの大きな作品に贈られる最高賞の「石原裕次郎賞」を受賞した。

また、第四四回日本アカデミー賞では最優秀アニメーション作品賞、話題賞作品賞、最優秀音楽賞の三冠を受賞した。

デジタル化で映画製作も変わった

シネコンとデジタル撮影で映画製作も変わった。

興行界（劇場）に外国資本が入ってきたことで、昭和初期から成り立っていた邦画各社の製作、配給、興行の一環システムのブロックブッキングが崩れた。

作品内容も変化した。街のショッピングセンターや郊外型のスクリーンが多くなり、客層がファミリー中心になった。そのため東映などが製作していた不良性のある映画が製作出来なくなった。観る環境の変化である。かつて東映劇場などは一種独特の館内環境があった。夜の勤め客用に深夜興行なども有り、憩いの場でもあった。社会変化とはいえ、テレビが描かないハードなやくざ映画、エロ・グロ、ピンク映画や実録物などの作品はもう出てこないだろう。シネコンの客層と時代に合わないためだ。

また、初期のシネコンはフィルム上映だったが、現在はデジタル上映である。このシステムが映画製作を変えた。デジタル化が個人や中小プロダクションの映画製作を簡単にした。家庭でもビデオ撮影が日常化し、更にパソコンが発達、特撮映像はコンピューターでCG加工が出来るようになり、素人でも簡単に映画が出来る時代になった。

そのため資本が掛からない映画が氾濫する。映画の本数が増え、劇場もシネコンに開放されたので上映がし易くなった。製作、配給の大変革である。

二〇二〇（令和二）年度の邦画上映本数は五〇六本。その内、日本映画製作者連盟に加盟している大手四社（松竹、東宝、東映、KADOKAWA）やテレビ局の製作本数は約八〇本弱。残り四三〇本は中小プロダクションや個人の製作である。

興行界にシネコン襲来！

今の映画界の好調を支えているもう一つは、シネマコンプレックス（複合施設）の存在が大きい。日本最初のシネコン第一号は「名宝会館」（名古屋）、「キネカ大森」（東京）など諸説があるが、これらは一つの建物に映画館が複数あったと云う事なので、現在の入れ替え制などの興行形態ではなかった。

そのためシネコンの第一号は一九九三（平成五）年四月、神奈川県海老名市にオープンした「ワーナー・マイカル・シネマ海老名」が最初とした方が正しい。このとき外国資本で製作会社のワーナーが興行界に初めて進出したので業界が大騒ぎになった。

「シネマコンプレックス」入場券売り場

人口の少ない地方のショッピングセンターに出来た映画館は六スクリーン。映画先進国アメリカの最新技術であるデジタル音響システムを取り入れ、観客席は傾斜角の大きいスタジアムシートを導入するなど、音響の良さ、見やすさを重視した。また、六つのスクリーンを持ちながら、入口・ロビー・映写室などを共有し、商業施設と併設するシネマコンプレックスの日本におけるオーソドックスなデザインを確立。まさに革新的な劇場であった。

しかし、邦画各社は冷ややかだった。海老名市では従来館が既に経営不振で撤退していたからである。人口一五万人しか居ない小都市に六スクリーンは常識外だった。

しかし、ワーナーは強気だった。その後、イオンモールの出店に併せて全国七か所に開館した。そこで年商四四億以上を売上げ、一スクリーンあたりの興行収入も当時の全国平均を上回る九、二〇〇万円と好成績をあげた。

邦画各社は驚いた。黒船の到来である。この成功を機に外国資本や異業種が興行市場に参入した。邦画各社は慌ててシネマコンプレックス建設に取りかかった。

これ以降、既存の映画館を閉鎖し、都心のビルを中心にして建設が加速する。

現在のシネコンは、約一三年前からフィルムからデジタル上映になったので、画面が大きく映像は鮮明。音響もドルビーシステムで、リアルで躍動的な体験を生み出す。館内もエントランスからインテリアや座席に至るまであらゆる側面のデザインが一体となって、まさに劇的な進化を遂げた。

では、ここでシネマコンプレックス（略してシネコン）とはどんなものか。日本映画製作者連盟は「名称の統一性を持って運営している映画館」としている。以下シネコンの条件として、次のものが挙げられる。

一・　複数のスクリーン（五つ以上）を同一の施設内に集約していること。
二・　ロビーや売店、チケット売場、入口、映写室を複数のスクリーンで共有していること。
三・　映画館としての名称は一つで、もしくは複数のスクリーンで統一性をもっていること。
四・　完全入替制を採用し、定員制か全指定席制を併用すること。―としている。

ままならない配給制度

さらに、シネコンの登場で変わったのは配給システムである。

日本はワーナーが海老名にシネコンを作るまで、松竹、東宝、東映、日活の邦画四社が全国の劇場を直営館、契約館、系列館として押さえていた。洋画劇場もほぼ同じである。映画は製作しても上映出来なければ何の価値も無い。その封切り劇場を邦画大手が押さえていたのだから、独立プロは泣かされた。このシステムが外国資本の登場で崩れ、劇場の再編が起きた。

当初、シネコンは郊外型のショッピングセンターに小さい劇場を四～五館集積して運営していた。それが、大資本の邦画各社が街のビルに移す都会中心の興行形態に進行させた。そうした設備投資が出来ない劇場は細々と営業を続けていたが、二〇一二（平成二四）年以降、映画からフィルムが消えた。上映用素材がＶＴＲに変わり、映写システムもデジタル化された。それで新しい設備投資が出来ない劇場の閉館が続いた。特に地方劇場はこの傾向が強く、資本力の無い個人経営者の息の根を止めた。

アメリカ資本のワーナーやユニバーサルがシネコンに登場した当初は、日本式の配給制度が崩れたが、近年シネコン市場が淘汰されたので、またまた大手映画会社による劇場の系列化が

主要興行会社スクリーン数 (2019年末現在)

	会社名	名称	サイト	スクリーン	備考
1	イオンエンターテイメント㈱	イオンシネマ	91	775	ワーナー・マイカル・シネマズを統合
2	TOHOシネマズ㈱	TOHOシネマズ	67	640	提携館、同社主管共同事業サイトも含む
3	関西共栄興行㈱	(上記以外の東宝系)	1	5	東宝完全子会社による運営サイト
4	ユナイテッド・シネマ㈱	UC／シネプレックス	40	385	ローソン傘下
5	㈱松竹マルチプレックスシアターズ	MOVIX	26	275	提携館、同社主管共同事業サイトも含む
6	㈱東急レクリエーション	109シネマズ	19	175	
7	㈱テイ・ジョイ(東映)	T・JOY	18	174	提携館、同社主管共同事業サイトも含む
8	佐々木興業㈱	シネマサンシャイン	15	126	
9	㈱コロナワールド	コロナシネワールド	11	110	
	合計		288	2,665	

進み、配給制度も微妙に変わって来た。東宝がイオンシネマに作品を配給しない等の例が出てきている。自社の系列の劇場を守るためである。

製作プロダクションがいつも抱える問題は作品の配給である。この配給制度が映画の発展の鍵であったといっていい。自由闊達な市場こそ、発展が有るのはどの業界も同じである。大手映画会社の配給統制が、中小製作プロダクションの息の根を止めたことは過去の歴史が証明している。

現在シネコン所有者の大手興行会社は八社有る。二〇二〇（令和二）年一二月の統計によると全国のスクリーン数は三、六一六。この内、一般館の上映のスクリーンが四二四（約一一・七%）。シネコンが三、一九二(八八・三%)。その内デジタル上映しているスクリーンが三、五五五、実に日本映画館スクリーンの九八・三%がデジタル上映になった。

二〇一九（令和元）年のシネコン勢力図をスクリーン数から見てみ

ると、「イオンシネマ」七七五、「TOHOシネマズ、他」六四五、「ユナイテッド・シネマ、シネプレックス」三八五、「MOVIX、他」二七五、「一〇九シネマズ」一七五、「T・JOY」一七四、「シネマサンシャイン」一二六、「コロナシネマワールド」一一〇。この八社で二、六六五スクリーン。実に全国スクリーンの七四・二%を占めている。

更に細分化するとイオンシネマと東宝、ユナイテッド・シネマの三社が日本市場の半分を押えている事になる。寡占化が進んでいる。

日本映画の配給、興行などには、まだまだ古い体質が残っている。こうした壁を破って、映画を大ヒットさせたプロダクションがある。映画界に新しい風が吹き込んだこの作品を紹介しておきたい。

マイナー作品が日本アカデミー賞に輝く!

第四三回日本アカデミー賞が二〇二〇（令和二）年三月六日発表された。その中で前年六月二八日公開された「新聞記者」（監督・藤井道人）が最優秀作品賞、最優秀主演男優賞（松坂桃李）、最優秀主演女優賞（シム・ウンギョン）、優秀監督賞、優秀脚本賞、優秀編集賞を受賞した。これにはファンと関係者が驚いた。

その一番の理由は、作品が中小プロダクション（The iconとスターサンズ）の共同

「新聞記者」（スターサンズ、The icon・令和2年）
右から松坂桃李とシム・ウンギョン

製作だったことである。過去に大手の製作か配給作品以外、最優秀作品賞を受賞したことが無かった。これが一番の驚きだった。二番目の驚きは、興行収入一〇億円以下の作品で「日本アカデミー最優秀作品賞」を受賞したのも初めてだった。要するにマイナー映画が大手映画会社の壁を破ったので、皆が驚いた。相撲でいうと前頭一五枚目の力士が横綱を倒したようなものである。

この作品は東京新聞の望月《もちづき》衣塑子《いそこ》記者が書いた「新聞記者」（角川新書）が原作である。映画はこれを脚色し製作した。作品は若手女性記者と内閣官房の攻防をハードに描いた社会派ドラマである。

東京新聞に「医療系大学院大学新設」に関する極秘文書が匿名で送られてきた。医療系大学とは何か。許可先が内閣府なのは何故か。誰からのリークなのか。社会部の吉岡エリカ（シム・ウンギョン）が取材を始める。もう一人の主人公、外務省から内閣情報調査室に出向中の杉浦拓海（松坂桃李）は反政府的な人物のスキャンダル作りをしている。

ある日、尊敬する外務省時代の元上司が調査室にマークされているのを知り訝《いぶか》る。その上司が自殺した。彼は「医療系大学院大学新設」に関わっていた。自殺に疑問を持った吉岡と杉浦は立場を超えて調査を進める。
その二人の前に、いろいろな事実が明らかになる。伏魔殿の「内閣情報調査室」や政府、そこに明かされる真実とは…。劇中で官僚が「この国の民主主義は形だけでいいんだ」という発言。今の日本の最大の問題がこの言葉に凝縮されていて気持ちが高ぶる。この映画で国民は「この国の民主主義とは何か」を問われる。映画監督・是枝裕和は「これは、新聞記者という職業についての映画ではない。人が、この時代に保身を超えて持つべき矜持についての映画だ」とコメントした。

新聞記者の矜持を問う　マスコミが政権への忖度《そんたく》や自主規制をしている現在、「新聞記者」の主人公は果敢に権力に挑戦する。映画では前川喜平・元文部科学事務次官の「出会い系バー」報道や、伊藤詩織さんの性被害告発、そして加計学園問題を思わせる事件が次々と登場する。主人公が「記者として真実を届けたい」という取材執念、それを支える社会部デスク。その姿に観客は拍手を送るのである。
この作品、イオンエンターテイメント㈱が配給を引き受け全国上映となった。しかし、イオンシネマは郊外型のシネコンが多いので、都会の街中劇場はミニシアターなどの単館劇場の上映となった。

最初の上映劇場は少なかった。上映すると口コミで話題が広がり、週を追うごとに観客が増えて上映館も増えた。上映一か月後の七月二二日までの観客動員数三三万人、興行収入四億円を突破した。更に二〇二〇（令和二）年三月、日本アカデミー賞の受賞が決まると、「ＴＯＨＯシネマズ」や単館劇場からの凱旋上映としてのオファーが増え、累計の興行収入が六億円を突破した。

当初、政治の話題を嫌うテレビや新聞がなかなか作品を紹介してくれなかったが、「東京新聞」と「朝日新聞」が大きく紹介した。作品を観たファンの口コミなどで広がりヒットした。それも劇場から足の遠かった中高年層から徐々に増えていった。この作品は、中小のプロダクションでも良い映画を作ればヒットする好例であり、配給の壁もある程度崩せる実例となった。

課題が多い劇場環境

昨今の劇場は、大型画面で画質も鮮明、客席もゆったりして観やすくなった。軽食や飲み物も自由になり、映画が家庭で観る延長線上になった。しかし良いことずくめのシネコンだが問題点も沢山ある。観客があまり知らない、そのいくつかを挙げておこう。

厳しいデジタルの設備投資

デジタルの映写設備は一劇場平均して、約一、二〇〇万円位の費用がかかる。現在、映写機メーカーには、ソニー、クリスティ、バルコ、NECなどがあるが、この四社の設備価格は余り変わらない。この映写設備のサーバーとプロジェクター、スクリーンなどの設備投資が過剰で地方の映画館を廃館に追い込んだ。映写機材が電気機器扱いされ銀行ローンが五年間しか組めないからだ。これでは小さい劇場は苦しい。

そのため映写機のリース会社が一〇年ローンを組んで劇場に設置する方法が主流になった。

デジタル音響設備の劇場

しかし、デジタル映写機の寿命は約一〇年である。劇場はローンが終わったら又、新しい機材を入れて、新しいローンが発生する。こうした機材の消耗費が大きく劇場経営を圧迫させている。映写設備は全てパソコンで制御されている。パソコン技術が無い地方の〝三ちゃん劇場〟などでは、かなりハードルが高い。

このデジタル映写機は高温と湿度に弱い。ランプが二キロワット、四キロワットの物を使うので高温を発し、時間がたつと機械は手で触ると火傷するほどに熱してくる。そのため映写機の熱を発散させる大型空調や、室内冷房がしっかりしていないと故障が発生する。更に機械は湿度にも弱い。日本は高温多湿の地域が多いので、そのトラブルが絶えない。

劇場では映写トラブルが起きた場合、別の映画を見て貰うか、招待券を渡し帰って貰うかして穴埋めしている。これが毎日、全国の何処かで起きている。

更に追い打ちをかけるのが映写ランプの寿命が短いことである。キセノンランプの二キロワットで二千時間、四キロワットだと一千時間しかない。このランプを交換するのに二キロワット一〇万円、四キロワット二〇万円かかる。

劇場収入は通常作品で、入場料の約五〇％が劇場の収入で、残り五〇％は製作、配給会社の取り分である。劇場はこの五〇％の収入から映画料、家賃、人件費、機材償却費、電気料、冷暖房費、宣伝費などを賄う。劇場が映画料の値下げを強く希望する所以である。

多い映写機のトラブル

映写システムと機械故障のトラブルは劇場技師では直せない。メーカー側が直させないといった方がいいかもしれない。販売会社に電話して東京、大阪、又は名古屋から技術者を呼んで直してもらう。販売会社のメンテナンスの営業所は全国に無い。そのためトラブルになった場合、最低一日は休館である。

少し専門的になるが、デジタルシステムの中で、製作会社が作品のコピーを恐れてコピーガードシステムを採用している所に問題が有る。作品はセキュリティーに重きを置いたＤＣＰ（デジタル・シネマ・パッケージ）に加工され、ハードディスクで配給されている。データはサーバーに取り込まれ映写する。

最近は大幅に解消されたが、洋画の場合、映像と音声が別々に送出され、映像と音声が同調しない。字幕スーパーがセリフと合わない、全く音の出ない場合もある。

また複合（商業）ビルは、電源が切れたり、ボルト数が落ちたり、エレベータノイズが入ったりと一定の電源が確保されず、映写が途切れたりすることもある。また、デジタル機器は雷にも弱い。磁力が働くのか、映写機が止まることが多い。

経営難が続く映画館

シネコンが急膨張し観客が延び悩む中、経営は苦戦している。この傾向は二〇一〇（平成二二）年頃から顕著になった。観客が思ったより伸びないのが原因である。映画のヒット作が少ない事が主な原因だが、レジャーの多様化、面白い作品の不足、動画配信サービスなどによる個人、家庭への映画配信、など要因はいろいろである。

現場はその対策として、シニア料金を設定したり、「映画の日」を設定したりしている。入場料の値上げや、逆の割引制度もそうである。人件費削減のためチケットの自動販売機の導入や、売店の売り上げ促進、家賃の削減交渉、映画以外のコンサートのライブ上映。３Ｄや画面が大きく音響の良い、ＩＭＡＸシアターの上映などの模索を続けている。

二〇〇九（平成二一）年一二月に公開した３Ｄ映画「アバター」は興行収入が一五六億円の大ヒットだったが、３Ｄ映像設備も劇場負担だった。つまり、新たな上映方式が生まれる度に劇場は設備投資が必要となり、「値上げ」に頼らざるを得ない状況なのだ。

東京の「TOHOシネマズ日比谷」や「目黒シネマ」では歌える「胸アツ公演上映」なる企画まで現れた。英国の人気バンド〝クイーン〟を描いた「ボヘミアン・ラプソディ」の歌うシーンに併せて観客が一斉に歌えるという趣向で、画面には大きく歌詞まで出て来るというおまけ付である。松竹では歌舞伎の舞台を撮影し映画で魅せる「シネマ歌舞伎」の上映で稼いでいる。こうした新鮮な企画はこれからも出て来るが一過性のものである。そのため大手シネコンでも映画だけで採算がとれず他の収入でカバーしている所もある。

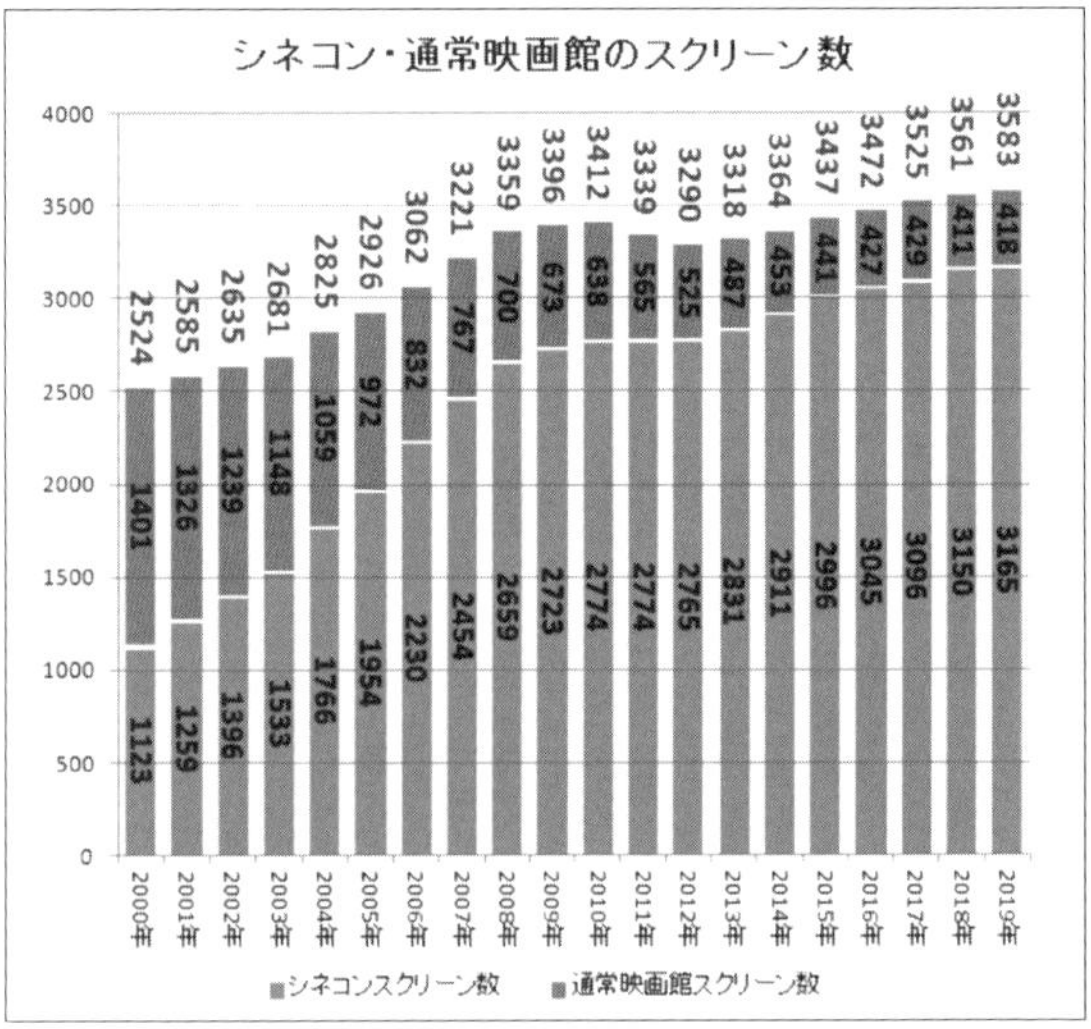

　スクリーン数が一番多いイオンシネマでも赤字経営といわれる。イオンなどはショッピングモールに映画館を作らないとフードコートなどがテナントに入ってくれない。そのため映画館が集客のため必要不可欠となっているからである。

　シネコンや一般劇場の大きな問題は更にある。人口減少と高齢化である。この人口問題は大きい。日本の人口は毎年五〇万人以上が減っている。一五～六四歳のいわゆる「生産年齢人口」

は日本人全体の六割を切り、過去最低を更新した、東京、神奈川、沖縄以外の道府県すべてが人口減少の坂道を下っている。また凄まじい勢いで高齢者の大波が押し寄せ、それも団塊世代の七〇歳以上が急増する。また若者の都会への流失が止まらない。小都市では若い人の働き口や買物するデパートもない。ＣＤショップ、書店の無いのが当たり前の街が多い。

急速に進む人口減は映画産業には深刻だ。そのため映画館でも地域格差が広がっている。

二〇二〇（令和二）年の全国映画館数は三、六一六スクリーン。これは五年前より二五二スクリーン多い。しかし、五年前と違っているのミニシアタが多くなった事と、一般館の減少で、山形、奈良、島根県は、ついに一般館がゼロになった。続いて一館しかないのは新潟、富山、石川、高知、長崎と続く。更に二館しかない県は徳島である。

経営改善の一番の解決策は良い映画を上映し、観客を増やす事である。これは古今東西、どの映画館でも変わらない。そのため大手興行八社は、稼げる映画の作品獲得にしのぎを削っている。

第二章　映画はどう変わるか?

ますます進む動画配信と実写映画の低迷

映画は過去から現在まで加速度的に発展、変化して来た。あらゆる分野の技術改革が進む中、映画文化がどう変わるのか未知数の部分が多いが、直近の経済情勢や社会環境、映像文化を考える時、ある程度の予測は可能だ。私は五年前の二〇一六（平成二八）年三月に上梓した「日本映画一〇〇年史」（ごま書房新社）で、これからの日本映画の展望を書いたことがある。今読み返してみて、概略その通りの現実が起きている。

日本映画の展望

五年前の予想では、既存の映画会社の製作本数が益々減る。撮影所は往時の元気が無くなりテレビ局などの新興会社の製作が増えることだった。さらに、時代劇での所作、結髪、美術、衣装、小道具などの技術継承が途絶え、本格的時代劇の映画が撮れなくなる。併せて映像のデジタル化で従来の撮影システムが崩壊する。製作形態の変化で新しい映像会社が台頭してくる。コミック世代に育った親が多くなり、アニメ映画とSFX映画が主流を占めて行く。映画の趣向も国際化され世界共通のコンテンツとして発展していく。

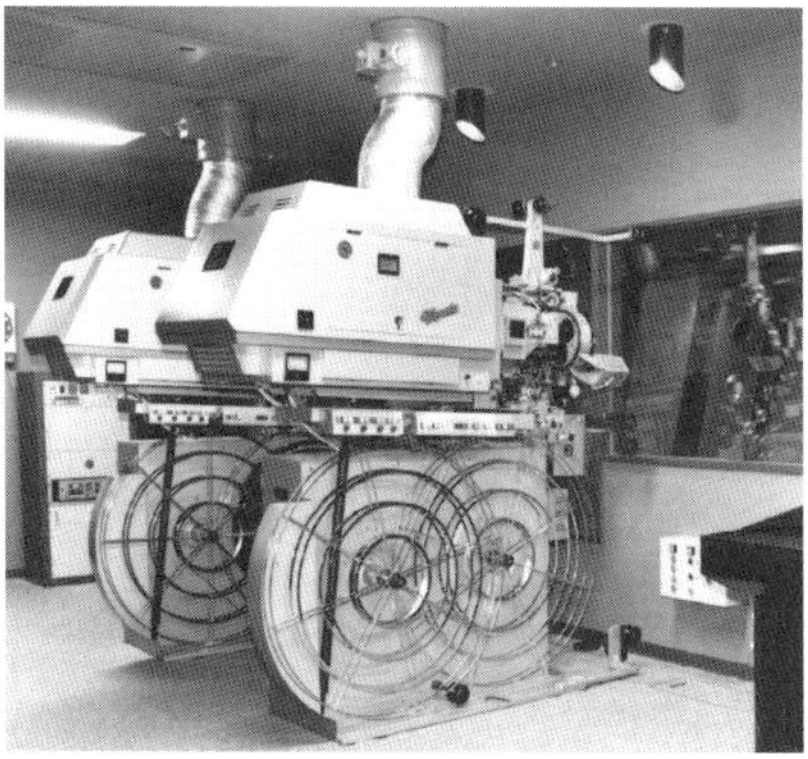
2013(平成25)年頃まで使われていたフィルム映写機

スター・システムの作品は俳優がタレント化し、主流から外れる。おそらく今後、三船敏郎や高倉健のようなスターは出て来ないだろう。企画中心の作品が好まれ映画はコア化していく。反面CG映像などで製作費の掛かる大作と映画は二極化する。

撮影所を知らない素人が簡単に映画を製作できる環境が整い、上映もシネコンや自主上映、インターネットによるスマホ、タブレット等の電子機器への配信も可能になる。

弱小劇場は閉館に追い込まれる　映画からフィルムが消え、デジタル映画が衛星で劇場へ配信されるので、配給システムが変わっていく。そのため劇場側は多額の設備投資が必要になり弱小劇場は閉館に追い込まれる。シネコンを中心とした大企業による寡占化が進み、人口の少ない地方の弱小映画館は消える。

多チャンネルテレビが増え、テレビも大型画面化、４Ｋ画像の普及は第三次の映像革命を迎える。核家族と少子高齢化が進むので映画館への足が遠のき、映画産業が縮小されていく。好きな映画を直接家庭へ配信するシステムが普及する。映画に代わりテレビがスーパーハイビジョン化して、映像産業の中核を担うようになる。

日本映画の主演俳優も日本人だけでなく、世界を見据えたキャスティングが必要になって来るだろう。また、現在騒がれている、場面に合わせ座席が揺れ、雨が降り、香りが立ちこめる「４ＤＸ」なる最新の上映システムは一過性のもので、こうしたアトラクション化は映画の本道から外れたもので、近い将来消えていく。

問題も山積している。日本市場が縮小化し、コンテンツが貧弱なことだ。これからの時代、日本市場だけで商売する映画には限界がある。日本は市場が狭く、人件費、間接費の高騰が進み、高額予算が掛けられず作品が小品になるからだ。グローバル化が進む中、海外市場へ目を向けないと大幅な飛躍は期待出来ない。

アニメ以外世界で通用しない

全世界を対象に商売出来るシステムを有するのはハリウッドだけで、この壁を崩すのはかなり難しい。日本は、中国、インド、韓国へも食い込めず、日本映画のアジアでの影響力が落ちていく。

ハリウッドでは日本のコミックやアニメなどの素材を使うが、映画はアメリカ製である。俳優も英語の話せない日本人より、中国人、韓国人を東洋人として、どんどん使っている。

また言論統制が強い共産圏中国では、アメリカ映画を、中国用に特別編集して上映している。撮影時から中国バージョンを撮影し、編集している。

裏を返せば、それだけ中国市場が重要という証左でもある。日本市場が縮小する中、海外へ進出しなければならないのに、現状の邦画は世界で全く売れていない、相手にされていないのが現実である。日本映画はアニメ以外、全く面白くないのだ。

近年、国際映画祭での受賞作品が多くなり話題になるが、評論家や好事家好みの物が多く、世界市場では一般受けせず売れていない。映像技術やシステムが変化していく中でこの問題は大きい。しかし、娯楽と教育、芸術としての映画はこれから消える事は無く、変形しながらも益々生活に密着した形で定着していくだろう。

この予想は、五年前のものだが、今は、これが更に加速し変化している。

コロナ禍で映画が未曽有の危機に！

日本映画製作者連盟が二〇二〇（令和二）年の映画概況を発表した。その中で邦画と洋画の興収比率が極端に変わっていた。邦画七六・九％、洋画二八・六％である。

二〇一九年は、邦画が五四％、洋画が四六％だった。洋画の上位は「アナと雪の女王2」「アラジン」「トイ・ストーリー4」「ライオンキング」「ファンタスティック・ビーストと黒い魔法使いの誕生」など、洋画の大半はハリウッド産の大作映画だ。

市場占有率が大幅に変わった。その原因はコロナ禍で映画館が一時休館したこと。ハリウッドの大作上映が延期になったことなどの影響が出た。まさに、コロナ禍が終息しないと映画界も壊滅的な打撃を受けることになる。

二〇二〇年の映画界最大の課題は、実は作品供給不足にある。現在延期になっている作品が公開されても一時しのぎに過ぎない。

国内市場の約半分を占めている洋画が二〇二一年以降途絶えると作品不足が常態化しかねない。何故ならハリウッドでは、映画製作の延期が相次いでいるからだ。そのためアメリカ映画の大作は極端に減りそうだ。他国のインディーズ作品で埋める手もあるが、国際映画祭や映画・番組の国際見本市が開催されていない。

バイヤーは新しい作品を観たり、買い付けたりする機会が大幅に減っている。更にハリウッド作品については、製作本数の減少は一時的なものに終わりそうにない。劇場に客がいつ戻るか見通しがつかないので、新しい企画にも慎重になる。

アメリカや欧州では、日本と違い、長期にわたり多数の劇場が休館し、映画興行が壊滅的な状況になっている。今回のコロナ禍で、多くの映画会社の経営体力が落ちている。

今後、制作予算の掛かる大作削減が、経営課題に挙がることは十分予想される。そのため中長期的に製作数が減少する。日本国内の実写映画も同様だ。「三密」をさけるため、ロケや撮影の延期が相次ぎ製作が遅れがちだ。そのため比較的製作が進んでいるアニメ映画の期待は更に高まる。

劇場公開と動画配信を同時にした
「ワンダーウーマン1984」（ワーナー・令和2年）

もう一つ、大きな問題は映画の配信である。映画興行が大幅縮小する中で、配信ビジネスの成長と高い収益性が、映画業界に打撃を与える。配信プラットフォームで世界最大のネットフリックスは全世界の有料契約者が二億三六六万人である。これは既存の大手映画会社でも同様だ。ディズニーの配信サービス、ディズニープラスは、スタートから一年で契約数を七、三〇〇万世帯以上獲得し、ワーナーメディアのＨＯＢＭａｘも好調だという。

この二社は劇場公開を前提にした大作を同時配信することを打ち出した。ディズニーは「ムーラン」や「ソウルフル・ワールド」、ワーナーは「ワンダーウーマン１９８４」を本国で劇場公開と配信を同時スタートさせた。

この二社は更に配信事業を強化して映画の同時配信を常態化させるという。自社のプラットフォームでの配信は鑑賞料金の全てが自社の手元に入り、劇場の売上が多少落ちても映画会社にとって利益は大きい。

これは劇場側にとっては大打撃である。この流れは日本にも波及する。ディズニーとワーナー作品が多いだけに国内映画興行には致命傷になりかねない。興行界に未曽有の危機が訪れる。

コロナ禍で製作現場も変わってしまう

コロナ禍で製作現場にも問題が起きている。仕事が延長・中止・変更になり、製作現場で働く人々の収入が絶たれ困窮する人が増えてきた。報酬未払いや不当な契約解除などもある。

監督、撮影、照明、録音、美術、編集、スクリプター、シナリオの八協会を統合する「日本映像職能連合（映職連）」には約二、五〇〇人の会員がいる。その九七・二％の人が被害にあっているとか。映職連に加盟していないスタッフはこの倍はいる。

映画の撮影はとにかく人海戦術だ。監督の下に助監督が三～四人いて、撮影や録音、照明、美術といった各パートにもそれぞれ多くの助手がつく。俳優の横にはマネージャー。更に大勢のエキストラ。普通の映画撮影なら一〇〇人を超える人たちが狭いセットの中、大声で支持を出しながら走り回っている。

スタッフを減らして、クオリティーをどう確保するかが今後の課題になってくる。また映画には、群衆シーン以外にも、抱き合ったり殴ったり、濃厚接触が不可避なシーンが多い。コロナ禍で今まで経験した事の無い事態が発生している。撮影の仕方だけでなく、映画表現そのものが変わってくる。

より問題なのは、こうした現状で仕事が無くなっていくと、若い人財は「もう無理だ」となって映画界から去ってしまうことだ。

一度去った人を戻すのは難しい。映画界はフリーランスの人が多い。人がいなくなったら業界はおしまいである。いまその危機状態である。

コロナ過で撮影された「キネマの神様」（松竹・令和3年）

現場も試行錯誤している。二〇二一年八月六日公開の山田洋次監督「キネマの神様」の撮影現場では、スタッフが撮影機材のセッテングをし、いったん別室に引き揚げてから、俳優たちが入って来てリハーサルを始める。カメラはビニールシートがかかっている。撮影に集中してくると、スタッフがどんどん集まってくる。すると「密になっています！」と助監督の声が掛かる。

俳優も厳戒態勢である。スタッフの準備時間は車中や部屋で待機。スタッフは勿論、役者もマスクをつけてリハーサルをする。監督やスタッフ、相手役にも、マスクで表情が見えない。「本番、ヨーイ、スタート」の声も、スタッフの指示も小さく抑えられている。

朝日新聞の取材に、山田監督は「百数十年の映画史の中で、全く未経験のことを私たちはやっています。たった数か月で世界が一変しました。しかし、私たちはこの状況にすぐ慣れてしまっている。怖い事のように感じます。文化の質が落ちてしまうんじゃないか」と語っている。

こうした現状に対し日本映画製作者連盟（映連）が、二〇二〇（令和二）年三月二八日、「映画撮影における新型コロナウイルス感染予防対策ガイドライン」を作り発表した。その内容は具体的で部門別に分類され、事こまかに書かれていて解りやすい。撮影時には必要不可欠のバイブルといえよう。

映画は誰でも撮れる時代へ

二〇〇二（平成一四）年公開の「スターウォーズ・エピソード2」が史上初めて完全デジタル撮影に成功した。これ以降、映画撮影はデジタル化が進んだ。

このデジタル化は、日本では世界から遅れること一〇年くらいかかった。東映が本格化するデジタル映像、音響製作に対応する工房として「東映デジタルセンター」を造ったのは二〇一〇（平成二二）年六月で、この時シネコンはかなり普及していたが、劇場ではまだフィルム映写だった。撮影所、上映する劇場等の整備問題があったからだ。

今の映画撮影は一部を除くと、デジタルカメラを使って撮影されている。デジタル式撮影（Digital cinematography）とは、映画の撮影の段階で従来の銀塩式フィルムを使用せずに、光を電気信号に変換する撮像素子を使用して、磁気テープやハードディスク等の記録媒体に記録する撮影である。編集もパソコンで行われる。フィルムによる映画製作と比較して、デジタルは編集時間が短縮され、コスト削減が出来た。

素人にも多く使われているデジタルカメラ

フィルムのように、撮影後にネガを現像して編集するという工程が省かれ、現場で画像の即時確認が出来るため、フィルム費、現像費の削減だけでなく、撮り直しの時間の削減や合成・加工の簡略化が出来る。更に長時間の大規模なロケ隊を編成する必要も少なくなった。またスタジオ撮影でも、スタッフ、キャストの拘束時間が削減され、スタジオ使用料、セット機材費などの借用期間の短縮なども図られ、製作費の大幅なコストダウンが可能になった。

デジタル製作の工程では、デジタル撮影されたデータをダビングしてオフライン編集にかけて、画質調整やCGなどの画像合成も出来るので、表現できない映像が無くなってきた。これがコンピューターやデジタルカメラの普及で素人でも映画が作れる環境を作った。

さらに、フィルムの現像費、上映劇場の数だけ焼くプリント費、配送経費、保管費、映写技師の人件費などが削減され、海賊版のコピー防止や映画の劣化も防いだ。

このデジタル化によって映画が製作しやすくなり、映画館で上映される作品が多様化した。その一環として、長尺の作品も増えている。

大林宣彦監督の「海辺の映画館―キネマの玉手箱」は二時間五九分。深田晃司監督の「本気のしるし〈劇場版〉」は三時間五九分。原一男監督の「れいわ一揆」は四時間八分。ハンガリーのタル・ベラー監督の「サンタンゴ」は七時間一八分。中国のワン・ピン監督の「死霊の魂」は八時間二六分となる。映画を観るのは体力的にも二時間位が一番観やすいと思うが、それでもコアなファンが詰めかけているから面白い。

製作費に悩む中小プロダクション

このデジタル化で撮影現場に変革がおきた。撮影所では三五ミリの高額な撮影機材が不用品・中古となった。特に編集がフィルムからデジタルでコンピューター化されたので技術者は音をあげた。もちろん監督も含め、照明、音響などのスタッフもそうである。撮影所では旧来から続いていた助監督から監督へ、助手からチーフへ上がる技術の継承システムも変わった。

撮影現場でデジタル化が本格化したのは二〇一〇（平成二二）年頃からである。今までの日本映画のどの変革、改革より強烈だった。演じる俳優もデジタル撮影に馴れていないので戸惑った。また最近の問題は「時代劇映画」を撮れる監督が居なくなったことである。

これからは本格的な時代劇映画は撮れないだろう。NHKの時代劇大河ドラマを見ているとその感を特に強くする。

日本映画製作者連盟の加入四社（松竹、東宝、東映、KADOKAWA）は、最近では一社製作をしなくなった。元々映画会社は経営基盤が弱く、担保となる不動産などの経営資源も乏しく、「映画会社にあるのは情熱だけ」と揶揄されたものだ。製作した映画が当たるか、外れるかの博打的要素も有ったので、金融機関からの融資は積極的なものでは無かった。

そのため一社単独で製作するケースが殆どなくなって来た。今は作品ごとに「製作委員会」を作り、資金を集め製作し配給している。出資者は版権使用関連の企業に限定され、著作権も製作委員会の共有になり、制作会社は委員会からの下請け会社という位置づけである。

　著作権、版権などが複雑に絡む最近の事情を反映しているといえばそれまでだが、ハイリスク、ハイリターンの伴わない映画製作が主流になっている。だから大手映画会社にはプロダクションから持ちこまれる企画や作品が多くなって来た。映画会社に、かつての勢いは全く無い。

　中小製作プロダクションはファンドを活用したり、投資家から資金を集めて映画を製作するところが多くなった。従業員一〇〇人以下、資本金五千万円前後の中小の映画製作会社五〇社が加盟している「協同組合 日本映画製作者協会」の各社もこの方法を取っている所が多い。

二〇二〇（令和元）年、邦画の上映本数六八九本。この八五％が独立プロの製作である。

　国の映画に対する支援も貧弱だ。製作補助金も文化庁の「文化芸術振興費補助金」などが、細々とあるだけで心もとない。製作資金を借りようにも手続きが煩雑で書類が多い。予算も一作品、百万単位と少ない。これでは殆ど役に立っていない。

往年の35㎜フィルムと収納缶

　映画産業への支援策も縦割り行政で煩雑だ。文部科学省は、国際共同製作映画支援事業、海外映画祭出品等支援事業、若手アニメータ等人材育成事業などがあり、総務省はコンテンツ流通促進事業、模倣品・海賊版拡散防止拠出金制度などがある。経済産業省では、コンテンツ産業強化対策支援事業など、まちまちである。何とか利用しやすいように統一化を望みたい。

最近、日本でもファンドの形式を通して資金調達をしたりしているが、アニメ以外の作品の赤字が続くので、参加者も少なくなってきている。

ハリウッド型のネガティブ・ピックアップ方式もある。これは製作会社と配給会社の間で、映画の完成を条件とした配給契約を締結することで、金融機関から融資を受けるという仕組みで、収支に対する市場調査の厳密さが要求される。この方法、日本ではかなり難しい。市場規模が小さいからで、世界マーケットの場合だから通じる制度かも知れない。

だから余程でないと大きな製作費を掛けた映画は登場しない。小品作品が多いのはこうした理由である。併せて劇場の超ミニ化が小作品製作の後押しをしている。残念ながらこの傾向は今後も続くだろう。

大手映画会社による娯楽大作と、低予算のアート系作品との二極化が進む日本映画だが、その両輪が回ってこそ映画界の健全な発展がのぞめる。産業として、芸術文化として、日本映画を育てていくのに必要なのが、オリジナリティや作家性。そのために、助成金制度や若手映画人の教育など、幅広い観点から映画製作を支援していくことが求められる。

小プロでも成功した「この世界の片隅に」

実写映画ではないが、全く資金無しから、企画力と熱意だけで会社を立ち上げ、見事にヒット作を出した会社がある。

㈱MAPPA（社長・大塚学）は、「この世界の片隅に」（原作・こうの史代、双葉社刊）を映画化するために二〇一一（平成二三）年六月設立された。

アニメ映画「この世界の片隅に」（監督・片渕須直）は、一九四四（昭和一九）年、広島市江波から呉に一八歳で嫁いだ北条すずが、戦時下の困難な中にあっても工夫を凝らして豊かに、たくましく生きていく姿を描く物語である。

監督の片渕須直はこの製作に執念を燃やしていた。そのため広島へ足しげく通い仲間を増やし、会社MAPPAを設立した。しかし、意気込んでみたが、製作資金は全く目鼻がつかなかった。そこで資金調達のため「クラウドファンディング」で三、三七四人から三、九一二万円の支援を受けた。それにより製作委員会を立ち上げ映画の配給先を探し、製作費二・五億円を調達した。作品は製作に四年かかったが、二〇一六（平成二八）年一月一二日、東京テアトルで配給した。

東京テアトルの配給網は少ない。最初の国内配給は六三館でスタート。しかし、作品が話題になり、各映画館から拡大上映のオファーが増え、二〇一九年（令和元）年一〇月で劇場数は四八四館まで膨らんだ。更に驚くことに茨木県土浦市の「土浦セントラルシネマズ」などは延々一、〇三五日も続映した。映画館以外でも全国各地の公共ホール、小学校から大学までの各種学校、野外などの上映会が企画され四五〇以上の会場で実施された。結果、国内の興行収入が二七億円以上という大ヒットになった。

「この世界の片隅に」
（MAPPA、東京テアトル・平成28年）

作品は第九〇回キネマ旬報ベスト・テン第一位、日本映画監督賞、第四〇回日本アカデミー賞最優秀アニメーション作品賞、第四一回アヌシー国際アニメーション映画祭長編部門審査員賞、第二一回文化庁メディア芸術祭アニメーション部門大賞、第六七回芸術選奨文部科学大臣賞、他を受賞した。おかげで、東京テアトルの株は上がるは、関連本は読々出るわで、ちょっとしたブームになった。現在は海外からの問い合わせも多く六〇以上の国と地域で上映されている。

今では、製作したＭＡＰＰＡは従業員も二〇〇人まで膨らみアニメ作品を製作している。

躍進するアニメ映画

文化と人の趣向が多様化して来た。その主な要因は通信機器の発達で、スマートフォン、パソコンなどが個人に普及、あらゆる情報が身近になった。そのため世界各国のニュース、音楽、映像が受信でき様々な価値観が氾濫してきた。この恩恵を受けたのがアニメである。日本のアニメが世界の若者を捉え、従来、コミックと言われていた、漫画的勧善懲悪の世界から抜け出し、アニメは独自文化として世界から市民権を得た。

この影響でディズニー映画も様変わりし、ハリウッドでは実写映画でも日本のアニメ原作を使うようになった。この傾向は二〇〇八（平成二〇）年頃から多くなった。そのためアニメ作品とコミックの原作の争奪戦が始まった。

「君の名は。」
（オフィシャルサイト、東宝・平成28年）

しかし、人気があるアニメ映画も製作費が多額である。そのためマルチユースをビジネスの前提条件として、企画の段階からテレビ局、映画配給会社、広告代理店、出版社、アニメプロダクションなどが、製作委員会を組織し、共同企画によって製作を進めるケースが増えている。その代表作が「君の名は。」である。

近年、コスト削減やアニメ制作に携わる人材不足や、日本人の人件費の高騰から、製作現場を海外に移したり、一部海外への発注も行われている。アニメ製作技術のIT化で、原画などのデータをデジタル交換して、インターネットなどで中国、ベトナム、韓国などへ送信して、他国で製作することが可能になった。こうした海外依存度は今後とも強まっていくだろう。

配信市場の活況もあって、アニメ映画に投資する企業も増えてきた。映像事業に積極的に取り組んできた住友商事では子会社化した「アスミック・エースエンタテインメント」を通して、映像制作投資に二〇億円近くの予算を組んでいるし、三菱商事、三井物産、伊藤忠商事などもアニメへの製作投資に積極的だ。併せてこれらの商社は作品の海外輸出も行っているので、アニメが世界へどんどん広がった。こうした他業種とのコラボが成功を収めているので、アニメ製作はこれから益々盛んになっていく。

飛躍的に発展する動画配信市場

今まではアニメや映画、ドラマを見る時、テレビやレンタルショップでDVDを借りて見ていた。しかし、最近はスマホやパソコンで簡単に動画が見られる、動画配信サービスが主流になって来た。動画配信サービスとは、好きな時に好きなだけ動画が見られるサービスで、インターネットを通して映画やアニメ、ドラマなどのコンテンツを提供しているサイトをさす。

動画配信サービスの良いところは、時間と場所を選ばないことで、通勤、通学や休み時間などで見られるので利用者が増えた。特に今年はコロナ禍で「巣ごもり需要」もあり市場が拡大。五年前には一割にも満たなかった定額動画配信の利用率が遂に三割を超えた。

映像業界向けに市場調査レポートを提供しているGEM Partnersが、二〇一九（令和元）年の動画配信市場は、前年比一二六％増の二、七七〇億円と発表した。これは、映連が発表した同年の映画興行収入の約二、六一二億円を上回る。勢いのある動画配信市場に映画が追い抜かれ、ついに逆転されてしまった。更に二〇二四年には三、四四〇億円までなると推定した。これでは映画界は完全に蚊帳の外で、対応できない。


現在、日本で一番の動画配信会社は米ネットフリックスで、会員が六〇〇万人。全世界の会員は二億三六六万人を数える。独自作品の製作にも力を入れている。洋画、邦画、アニメ、ドキュメンタリー始め、オリジナルコンテンツ力は抜群で、この勢いは止まりそうにない。二〇二〇（令和二）年は韓国テレビドラマ「愛の不時着」などを独占配信し世界中で話題になった。

更に、同年の一二月一〇日に配信した日本の実写映画「今際《いまわ》の国アリス」も人気だ。世界で一、八〇〇万世帯が視聴し、韓国や台湾などアジアだけでなく、フランス、ドイツ、ジャマイカなど世界契約四〇の国と地域で視聴回数トップ一〇に入っている。日本発の実写の独自作品とし

Netflixオリジナルシリーズ「新聞記者」が
米倉涼子主演で配信されることになった。

ては過去最大の視聴者数になった。いま、このネットフリックスの勢いを何処が止めるか各社が注目しているところだ。

劇場上映をしないネットフリックス製作の映画、アルフォンソ・キュアロン監督の「ROMA・ローマ」が二〇一八年のベネチア国際映画祭で金獅子賞を得たほか、マーティン・スコセッツ監督の「アイリッシュマン」、ノア・バームバック監督の「マリッジ・ストーリー」などが米アカデミー賞の候補となった作品も有る。

日本でも劇場上映しない米倉涼子主演の「新聞記者」が、早ければ二〇二一（令和三）年春には配信される。米倉がオスカープロモーションから独立した最初の作品で、テレビ番組「ドクターX」より製作費も多いし、俳優ギャラも高額である。ネットフリックスは海外配信も見据えた展開を考えているのだ。

またコロナ禍で、又吉直樹原作の「劇場」（監督・行定勲）が、一般劇場での上映が延期になり、二〇二〇（令和二）年七月一七日からミニシアター封切りとアマゾン配信を一緒にして公開した。こうした動画配信との併合方法は、これからますます進んで行くだろう。

時代による5Gサービスやライフスタイルの変化が、二〇二四年（令和六）年の動画配信市場を三、四四〇億円まで押し上げると推定されている。なんと、五年間で七四八億円のアップである。いま配信各社はオリジナルコンテンツの拡充やオリジナル作品製作をどんどん進めている。動画コンテンツを楽しむ視聴習慣の定着も有り市場は順調に拡大していく。これは映画界にとっては最も脅威で、劇場が恐れている事態である。

茶の間の劇場化が進む

映像革命は茶の間にも浸透している。薄型大画面テレビの登場以降、家庭でも映画館のような体験が可能になった。最近では、高精細な4Kテレビが主流になり、更のその四倍も高精密な8Kテレビも手に入る。シャープのAQUOS8K、東芝のレグザ65Z740X、三菱電機のLOD・A58RAなどは、各種高画質化機能を搭載、映像も精細で録画再生機能も充実している。レコーダーもソニー、東芝、シャープなどは二番組も同時録画出来るなど、多彩になっている。

家庭テレビの場合、以前は音響に難があったが、今は映画鑑賞の質を上げるため、サウンドシステムのグレードアップが可能になった。音楽に躍動感が加われば感動も倍増。それを解決したのが、ヤマハ、シャープ、KEFのサウンドシステムで、テレビに簡単に接続が出来る。まさに映像に命を吹き込むシステムだ。轟くような爆音も見事再現出来る。

またヘッドホン機器も登場した。JBLのサウンドギアBTAを使えば迫力の重低音サウンドをいつでもどこでも使える。私はこれを愛用している。とにかく音響は映画を観ているのと変わらない。ズシーンという重低音はテレビだけの音量だけでは味わえない。ヘッドホンを耳に着ける必要は無い。首回りに掛けるだけ。周りの人に聞こえないので迷惑はかからない。小音量でも迫力が得られるので深夜派には人気だとか。

またコンテンツも4K化が急増している。テレビ局では自社番組の有料配信も始まった。

まさに本格的な家庭映画館の環境は整ったといえる。映画DVDのレンタル会社も不要になった。まさに映画を劇場で観なくなる日のカウントダウンが始まった。

劇場はデジタルからレーザー映写へ

日本の映画館は、二〇〇八（平成二〇）年頃から、デジタル化が進んだが、昨年度あたりからは一斉に映写機の買い替え時期を迎えている。劇場は、デジタル・シネマ・プロジェクターを使用しているので、買い替えの時は、映像品質の維持、特に低いランニングコスト等を求める。そこに登場したのがレーザー　シネマ・プロジェクターである。

このレーザーが、映写機に利用されるようになったのは、日本の中村修二氏が「高輝度青色発光ダイオード」を一九九六（平成八）年に発明してからである。半導体で青色を出すのは不可能とされていたのを中村修二氏らが発明した。この発明で中村修二氏は他の日本人二人と共に二〇一四（平成二六）年ノーベル物理学賞を受賞。この青色光源の発明で蛍光灯の代替となる「白色ＬＥＤ」が開発され普及した。このＬＥＤはまた、レーザー光源に拡張されて映画映写機に転用された。このレーザー光源を利用し、レーザー・シネマ・プロジェクターとして、世界初の映像を流したのがソニー㈱で、二〇〇五（平成一七）年三月から開催した日本国際博覧会「愛・地球博」で発表した。

レーザー・ドリーム・シアターとして発表した映像は、縦一〇ｍ×横五〇ｍの大スクリーンで投射した。少し専門的になるが、システムの核となるＧＬＶ素子は半導体技術を用いて製造されるMEMS（Micro Electro Mechanical Systems）素子で、素子表面に配された微細なリボンを電気信号で動かすことで、光源のレーザーから発射された光を回折光の強弱に制御し、映像化するという技術であった。

カラーの表現は赤、青、緑のレーザーから発せられた三つの光をＧＬＶ素子で合成することで鮮やかな映像表現が実現した。色の再現能力を従来テレビの約二倍に広げ、色鮮やかな色彩表現が可能となった。上映映像は六〇〇万画素以上の解像度である。

「愛・地球博」上映に当たっては専用のカメラシステムを利用。左画面、中央画面、右画面に対応する三台のＨＤＣＡＭから同時に撮影し、通常のカメラでは不可能な超ワイド高精彩映像を実現した。観客は映像の鮮明さに驚いた。

このレーザー方式プロジェクターの優れているのは光源の明るさと長寿命である。光源の寿命が二万時間と長い事も売りだ。近年のシネマ用プロジェクターでは、ソニーのＧＬＶに替えてテキサス・インスツルメントのＤＭＤ（Digital Miller Device）を用いたものが主流である。

これから主流になるレーザープロジェクター
(BARCO DP4K＝19B)

二〇一七（平成二九）年三月、日本で初めてバルコ株式会社のレーザー・プロジェクターを導入した「セントラルシネマ宮崎」の米益弘貴氏は、「とにかく画面が明るい、アニメ映画が特に鮮明なので驚く。何より今まで三か月か四か月で交換していたランプが交換もいらない。レーザーの場合四～五年は交換が不要だ。それと機械の故障がなく楽だ」という。但し、映写機が高熱を発するのは変わらない。そのため映写機上部に冷却器を設置している。

良いことずくめのようだが、このレーザー映写機、かなり高額である。小型で五〇〇万円、普通型だと一、五〇〇万円かかる。特殊機材だと四千万円の物も有る。

しかし、このレーザー・プロジェクター、今ではかなり多くの劇場が設置している。「Ｔ・ＪＯＹ横浜」「川崎チネチッタ」「ユナイテッド・シネマ・フォルテ宮城大河原」など、その数は多い。劇場はこれからレーザー・プロジェクターの時代を迎える。

ミニシアターますますミニに

最近は、劇場はスクリーン数で数えるようになった。二〇年前から映画館の数自体は年々減少しているが、スクリーン数は増加している。

二〇〇〇（平成一二）年に二、五二四有ったスクリーンが、二〇二〇（令和二）年には三、六一六スクリーンになった。一九年間で一、〇九二スクリーンが増えた。これはシネコンが登場したからである。その中での激変は大型館の閉館である。首都圏でも一、〇〇〇席を超える映画館が次々と閉館。二〇一八（平成三〇）年開業した「ＴＯＨＯシネマズ日比谷」は、一三スクリーン中、五スクリーンは九八席だ。

このミニスクリーン化は、まだまだ続く。二〇一八（平成三〇）年一二月に東京武蔵野市にオープンした「アップリンク吉祥寺」は二九席である。この劇場、手狭な映画小屋を想像するが、椅子や床はストライプ柄、壁紙は英国の人気デザイナーによるもので凝っている。本格的な音響設備も備え、ロビーにはクラフトビールなども置かれている。。

二〇一九（令和元）年四月にリニューアルオープンした名古屋市の「伏見ミリオン座」は従

来の三スクリーンから四七～一八四席の四スクリーンにした。

札幌市でも、昔、東宝プラザとして栄えていた劇場が貸しホール営業していたのを、㈱スガイディノスが、劇場を分割化して二〇二〇（令和二）年七月二三日、「ディノスシネマズ札幌」として四スクリーンで二八～二〇〇席で、デビューした。

全国のミニシアターなどで作るコミュニティシネマセンターによると、ミニシアターとは大手映画会社の影響下にない独立した経営を行い、「単館系」「アート系」と呼ばれる作品を中心に上映する小規模映画館のことをいう。二〇一九（令和元）年で全国一一七館があり、二〇一八（平成三〇）年に公開された映画一、〇九一本のうち半数が、ミニシアターのみで上映された。

こうした背景には、映画産業自体の変化がある。若者の映画館離れが叫ばれるが、実は日本で公開される映画の本数は年々増えている。日本映画製作者連盟によると二〇〇一（平成一三）年に六三〇本だったが二〇一九（令和元）年には一、二七八本と二倍以上に増えている。洋画の本数が多いが邦画も多い。フィルムからデジタルに移行したことで、中小プロダクションの映画の製作上映が容易になったからだ。

一方、一作品当たりの観客数は減少傾向にある。二〇〇〇（平成一二）年に約二一万人だったが、二〇一九（令和元）年には約一五万二、〇〇〇人までに減った。一部のヒット作に大半

多くなった「ミニシアター」

の観客が集中しているのが現状である。

ミニシアターの厳しい状況は続いている。フランスや韓国など、行政支援が手厚い国と違い文化予算が少なすぎる日本はコロナ禍で課題が噴出した。そのためコロナ禍で苦戦している、ミニシアターを応援しようと映画人が次々と声を上げた。

クラウドファンディングを組み「ミニシアター・エイド基金」を立ち上げた。この取り組みで約三万人から資金が集まり三億三、〇〇〇万円を超える資金を調達、各地のミニシアターに分配された。

ミニシアターは、経営規模は小さいが、多様性という観点から見て日本文化への貢献度は非常に大きい。作り手と観客の距離の近さがミニシアターの魅力で、若手の育成にもつながっている。作品の多様性やネットの動画配信にはないライブ感を生かして個性的な映画館も増えてきた。劇場のミニシアター化で、映画のコア化が益々進む一方、洋画や邦画でも陽の当たらない作品が観られるようになった利点もある。なんとか健全な形で残ってほしいものである。

活発なアジア各国の映画界

映画の国際化が叫ばれて久しい。日本映画が低迷していた時期に中国、韓国などは「映画は国の文化政策」と捉え、政府援助もあり、海外へ向け飛躍的に映画事業を拡大させた。いまや両国とも日本を完全に引き離し、映画、テレビ番組は東南アジアの国々で上映、放送されている。

日本映画の海外市場

最近、日本映画の海外市場に異変が起きてきた。アニメ映画「君の名は。」と「鬼滅の刃　無限列車編」が東南アジアを中心に引き合いが多く、超ヒットを飛ばしていることである。

「鬼滅の刃　無限列車編」の海外公開が最も早かったのは台湾で、二〇二〇（令和二）年一〇月三〇日にスタートした。初日から客が詰めかけ大ヒット。上映から四週間経っても客足が衰えず、日本映画の過去最大の記録的ヒットになっている。二〇二〇年度の台湾でのトップ作品となり興収も二〇億円を超え、台湾の歴代トップ・テン入りも可能な勢いで現在も上映中であ

る。（二〇二一年一月三〇日現在）

香港でも一一月一二日公開し、二〇二〇年の年間トップを獲得。ここでも四週間トップを譲らず上映中である。更にタイ、ベトナムでも一二月九日公開し、週末のトップは変わらない。これらの地域はハリウッド映画の公開延期という特殊事情があるとはいえ、日本映画が海外でこれだけおおくの観客に支持されているのは特筆すべきことである。

元々、日本映画の海外市場は非常に狭かった。文化や言葉、生活と価値観の相違など、なかなか理解できないからだ。それがアニメになると違った。このアニメ映画の進出で世界の市場が開けて行った。

「鬼滅の刃　無限列車編」
©吾峠呼世晴／集英社・アニプレックス・ufotable

日本映画の海外輸出は二〇一二（平成二四）年に五千三百万ドルだったのが、二〇一九（令和元）年には、三億二千八百万ドル（三五億四千二百万円）に伸びている、実に八年間で六倍以上に増えた。その原因は、先に記したアニメ映画が世界へ進出していることだ。特に最近は中国市場への進出が著しい。新海誠監督の「君の名は。」が中国でも歓迎されヒットしている。

しかし日本映画を輸入しない国もある。インド、ミヤンマー、モンゴル、スリランカ、パキスタン、バングラデシュ等である。年間一〇本以上輸入している国はアメリカ、イギリス、中国、マレーシア、タイ、フィリピン、シンガポール、インドネシアと少ない。さらに、ヨーロッパ諸国の殆どは年間五～六本で、それもアニメ映画である。日本映画はアニメしか売れない現実。これは寂しい。

国際映画祭受賞作の興行価値

近年、国際映画祭で日本映画の話題も多くなった。二〇二〇（令和二）年度の第七七回ベネチア国際映画祭で黒沢清監督の「スパイの妻」が銀獅子賞（監督賞）を受賞した。久しぶりに社会を見据えた骨太の作品である。日本人で同賞を受けたのは、二〇〇三（平成一五）年に「座頭市」で受賞した北野武監督以来一七年ぶりである。

「スパイの妻」(NHK、監督/黒沢清・令和2年)
右から高橋一生、蒼井優

二〇一八（平成三〇）年、是枝裕和監督が「万引き家族」で第七一回カンヌ国際映画祭でパルム・ドール(最高賞)を受賞し、ファンが過熱した事が思い出される。しかし、海外の映画祭で日本映画が評価を受けるのはホームドラマばかりである。

外国の映画記者から「日本映画に家族の話が多いのはなぜだ」と質問され、問いに窮した監督が居たと聞く。欧州では家族が前に出る映画は少ない。まずカップルの話になる。日本は家父長制の中で、良くも悪くも家族という制度に縛られている。

そのためかホームドラマは日本映画が最も得意とするジャンルである。一九五〇（昭和二五）年代は小津安二郎監督が「東京物語」「秋刀魚の味」を頂点とするホームドラマの名作を量産した。松竹のこの伝統が山田洋次監督に引き継がれ、現在に至っている。

日本映画は数々の国際賞を受賞するが国内での興行力は余り無い。

この一〇年間で受賞した作品で興行力が有ったのは、二〇一八（平成三〇）年の「万引き家族」で、興収四五・五億円を上げその年の興収ベスト・テン四位に入ったのが最高である。

ちなみにこの年の一位は「劇場版コード・ブルー　ドクターヘリ緊急救命」、二位「名探偵コナン　ゼロの執行人」、三位「ドラえもん　のび太の宝島」である。

二〇一一（平成二三）年、第六八回ベネチア国際映画祭で「ＫＯＴＯＫＯ」（監督・塚本晋也）がオリゾンティ部門最高賞を取った作品と、「ヒミズ」（監督・薗子温）で染谷将太と二階堂ふみが新人賞を受賞した作品は共に興行収入一〇億円もいかずベスト・テン四〇位にも入って来ない。

二〇一四（平成二六）年に第六四回ベルリン国際映画祭で黒木華が最優秀女優賞（銀熊賞）を取った「小さいおうち」（監督・山田洋次）は興行収入一二・六億円で、興収ベスト・テン二一位だった。

二〇一六（令和二八）年第六九回カンヌ国際映画祭で「淵に立つ」（監督・深田晃司）で、ある視点部門審査員賞を受賞した作品、二〇一九（令和元）年第六九回ベルリン国際映画祭で「三七Seconds」（監督・ＨＩＫＡＥ）が国際アートシアター連盟賞とパノラマ部門観客賞が贈られたが、日本での興行力は全く無かった。ミニシアターでコアなファンに歓迎された位である。

元々、芸術作品は興行力が無いのが普通だが、それにしても製作費の回収が出来るのか心配になる。こうした作品は評論家や好事家が評価するが、海外からの引き合いは少ない。

しかし、国際映画祭のディレクター等を経験したフランスのオリヴィエ・ペルー氏は、川瀬直美、是枝裕和、黒沢清や若手で「ハッピーアワー」の濱口竜介監督や「サウダーヂ」の富田克也監督などは特別な知性や感性を有しているし、将来を期待するという。ただ、才能を支えるシステムが、日本は韓国より劣っているとも指摘した。ツイッターでは、「アジアのトップランナーは韓国に取って代わられた」「原作有りきで内向きの日本映画はつまらなくなった」といった声に、映画人は真摯に向き合わなければならない。

韓国は日本より映画大国

世界から注目されている韓国映画だが、二〇二〇（令和二）年の「パラサイト　半地下の家族」

世界で90以上の映画賞を受賞した
「パラサイト 半地下の家族」(韓国・令和2年)

がその勢いに拍車をかけた。この作品は外国映画賞を九〇以上受賞し、更に米アカデミー賞では、アジアから史上初めて作品賞、監督賞、脚本賞、国際長編映画賞の主要四部門を制した。日本の興行収入四〇億円。世界で二八〇億円の大ヒットになった。こうした韓国映画を世界が認めた原動力は何なのか。それは政府や大企業が映画産業を支援していることに尽きる。

　観客動員の伸びを見ても、二〇一〇年、日本が一億七、三四五万人、韓国が一億二、九一八万人と大差が無かった。しかしその後、横ばい状態が続いていた日本にくらべて、韓国は右肩上がりに増え続け、翌二〇一一年には一億五、九七二万人と日本を抜いた。

　二〇一九（令和元）年になると韓国は二億二、六六八万人。日本は一億九、四九一万人。韓国の人口が五、一〇〇万人だから、人口比で換算すると韓国は日本人の約三倍の頻度で映画を見ている計算だ。その後も韓国映画の数字は下がらない。いかに韓国映画に勢いが有るかが分かる。

支援と投資で「映画大国」へと成長

もともと資源の無い韓国は音楽や映画を文化政策として政府や大企業が応援して来た歴史がある。一九九八（平成一〇）年、当時の金大中大統領が、二一世紀は「文化産業」を国の中心産業にすると、「文化大統領宣言」を発し、一九九九（平成一一）年から五年間で二、五〇〇億ウオン（約二三〇億円）ものお金が文化産業につぎ込まれた。二〇〇四（平成一六）年頃から、日本や中国で音楽やテレビで韓流ブームが起きたのはこの成果といえる。

映画では大企業のサムスングループがスティーヴン・スピルバーグ監督の製作会社ドリームワークスに三億ドル（約三二五億）の大金を提供し、韓国映画作りに関わる人達がこの会社で研修を受けるシステムが出来た。ここで研修した人達が韓国映画の質向上に大きな役割を果たした。ちなみに、「パラサイト　半地下の家族」のチーフプロデューサー、ミキ・リーさんもこの研修所から育った映画人である。

こうして韓国映画は二〇年間、政府、大企業の応援に支えられてきた。一九九九年「シュリ」、二〇〇一年「猟奇的な彼女」、二〇〇三年「殺人の追憶」、二〇一一年「サニー　永遠の仲間達」、二〇一九年「パラサイト　半地下の家族」「エクトリーム・ジョブ」などが大ヒットし、観客数を延ばした。

映画製作への公的資金援助も豊富である。国立の芸術家養成施設である韓国芸術総合学院や、公的機関である韓国映画振興委員会付属の韓国映画アカデミーなどが、デビューする映画人を支えている。投資ファンドで製作資金を集める手法も一般化している。国内の映画館に、年間一定日数以上の韓国映画上映を義務づける、スクリーンクォータ制度も実施されている。映像物等級委員会により行われるレイティングは日本より厳しい。

また、韓国の映画会社は中小規模のものが多く、経済的基盤が脆弱である。ハリウッド映画などの大資本の映画作品が韓国国内に流入すると、韓国映画が廃れるという危機感を映画関係者や俳優などは持っている。「映画は文化」の大義のもとスクリーンクォータ制が導入され維持されているのもこうした理由である。こうして国自体が韓国映画を支えている。

また「釜山国際映画祭」は、東京国際映画祭より後発ながら、アジアを代表する映画祭として世界中から最も多くの映画人を集めている。とにかく韓国映画は元気が良い。企画も多彩で、作品も近年は世界の映画祭で日本より多く受賞している

しかし問題が無い訳ではない。韓国では歴史を歪曲した、嘘だらけの反日映画が数多く作られヒットしている。二〇二〇（令和二）年は、韓国の「抗日一〇〇年」に当たるので反日映画が続々公開された。慰安婦問題を取り上げた「主戦場」と「キムボクトン」。朝鮮独立軍が初めて日本軍に勝利した「鳳梧洞の戦闘」などである。日本でも映画を国がプロパガンダに利用

した歴史があるが、現在、資本主義国の民間企業がこうした傾向の作品を製作するのは韓国だけで、それも毎年二～三本作られているから怖い。良い意味でも悪い意味でもこれからも益々韓国映画から目が離せない。

・六万スクリーンで興収一兆円の中国

中国の二〇一八（平成三〇）年の映画興行収入は日本円で一兆円を超す、六〇九億八、〇〇〇万元と、二〇一二（平成二四）年に比べ一・九倍の増加となった、スクリーン数も六万七九スクリーンと増加し、世界トップに躍り出た。この増加はまだまだ続いている。もはや世界一の映画大国である。

「薬の神じゃない」（中国・令和2年）
実際にあったジェネリック薬の密輸販売事件の映画化。中国では驚きのヒット作になった

しかし、中国で上映される映画は「国家新聞出版ラジオ映画テレビ総局（広電総局）」の検閲を通らなければならない。政府が選んだ検閲委員が総数二十数人。中国共産党宣伝部や広電総局幹部のほか、大学教授や映画監督も加わる。

顔ぶれは非公開。年間八〇〇本前後が製作される国産映画の検閲は毎週数日、午後に行われるという。警察モノなら公安部門、教育に絡むストーリーなら教育部門と、委員会以外の政府関係者も同席する。上映の可否は投票で決める。

年間三〇〇本の国産映画を検閲してきた委員経験者によると、上映が認められないのは年間二〜三作品、修正を求める作品数は少ないという。「映画製作者もばかではない。大金を投じて映画が上映出来ない事態を望まず、自己規制している」と指摘する。

外国映画は、輸入本数も制限される。中国は二〇〇一年の世界貿易機関（WTO）加入に伴い、映画館で上映する外国映画の輸入枠を、近年大幅に増やした。

輸入は国有企業の中国電影集団が独占し、党と政府が思想統制の手綱を握る。そのため社会派ドラマや芸術性の高い作品の輸入は難しい。もちろん中国の国や人を悪人にした作品は通らない。そのため娯楽作品やアニメが歓迎される。俳優の入国も親中派しか認めない。徹底した思想統制が映画界でも行われている。

中国企業が世界映画を席巻する

そうした中、中国企業の映画に投資する姿勢が凄い。中国は映画の資金調達から製作、配給、マーケティングと、映画ビジネスにまつわるあらゆる面において、ハリウッドとの関係が深まっている。ワーナー・ブラザーズやウォルト・ディズニー、ドリームワークス、ライオンズゲート、STX Entertainment などの米映画スタジオは、中国企業と組み映画製作をしている。これは中国市場を見据えたものである。特に二〇一五（平成二七）年～一七年にかけては、中国企業による米スタジオへの巨額出資や買収、米有名フィルムメイカーの提携などが相次ぎ、大きな話題になった。この大きな流れは止まらない。

二〇一六（平成二八）年一〇月に、中国の大実業家ジャック・マーが率いるアリババ・ピクチャーズと、スティーヴン・スピルバーグ率いるアンブリン・ピクチャーズが共同製作・共同出資契約を結んだ。アリババは、中国で最大規模のオンライン・チケット・サービス「Taobao Movie」も運営しているため、スピルバーグ側にとっては、自身の映画をアリババが持つマーケティングおよび配給力によって、中国や世界にアピールできる機会となる。

一方、アリババ側は、映画界最強の〝スピルバーグ〟というブランドを手に入れることにより、映画産業での存在感を増すことが出来る。

ハリウッドへの巨額投資　二〇一七年一月には、バイアコム傘下のパラマウント・ピクチャーズが、上海フィルム・グループと Huahua Media から、一〇億ドルの現金出資を受けた。パラマウントは今後、三年間で製作する映画の二五％の資金を調達する。また現在は、八本ほどであった年間のリリース作品数を一五～一七本に増やすことが出来ると見込んでいる。なお、上海フィルム・グループは、「ジャック・リーチャー NEVERGOBACK」に出資、Huahua は、「トランスフォーマー／ロストエイジ」「スター・トレック　BEYOND」を含む複数の映画でパラマウントと提携した実績がある。

中国資本のアメリカ映画界への進出は製作部門だけに留まらない。興行部門（劇場）にも進出した。アメリカで二番目の興行会社ＡＭＣを買収し、アメリカ市場の四分の一を中国資本が占めるようになった。それが欧州でも進んでいる。少し古くなるが、二〇一六年、中国の不動産・商業施設大手の万達集団（ワンダ・グループ本社・北京）が、欧州最大の映画館チエーン、オデオン・アンド・ＵＣＩ（本社・ロンドン）を九・二億ドル（約一、二七〇億円）で買収した。このため中国資本のワンダが傘下に持つスクリーン数は世界最大となった。

オデオン社は欧州全体で二四二館、二、二三六スクリーンを運営し、英国やイタリア、スペインなどではシェア一位だ。今回の買収でスクリーン数は七、六〇〇以上になる。英国が欧州連合（ＥＣ）離脱を決めたことでボンド安が進み「買収の追い風になった」（ＡＭＣ）という。ワンダは大型ショッピングモールを多数運営し、中国国内でも最大のスクリーン数を持つ。「二〇二〇年までに世界の映画チケット販売シェアー二割」と、いう目標を掲げ、映画製作側への発言力を増すことをねらう。この後、ハリウッドの有名映画製作会社、レジェンダリー・エンターテインメントの買収も発表した。

ワンダ創業者の王健林氏は「中国一の富豪」としても知られる。米欧中にまたがる巨大な映画網を築き「世界の映画王」への道を着々と歩んでいる。

世界一の製作本数を誇るインド映画

インドは世界一の製作本数と観客動員数を誇る映画大国だ。作品は「マサラ映画」と形容されるように、一本の作品にアトフクションやコメディー、ロマンスとダンスなどが混じり合った物が多い。世界のどの映画とも異なった、ユニークな特徴を持っている。

まず、①製作本数が飛び抜けて多い、②すべての映画が「ミュージカル」である、③上映時間が三時間以上と極端に長い。この三要素は、世界がアメリカ映画のマーケット化する中で、このユニークさは目を引く。製作本数では、インド映画はアメリカ映画を遥かに引き離している。二〇一七（平成二九）年の製作本数は、一、九八六本を超え、二位中国の八七四本の二・三倍である。文字どおり群を抜いての世界第一位である。

インドの映画製作本数がこんなにも多いのには理由がある。まず、広い国土で話されている様々な言語で映画が製作されていること。主要なものは、約七〇〇本作られている北インドのヒンディー語と、南インドのタミル語、テルグ語の映画、そして三五〇本前後作られている南インドのマラヤーラム語、カンナダ語の映画、さらに最近は製作本数が減少して二〇〇本前後になってしまったが、東インドのベンガル語、西インドのマラーティー語の映画などである。

インド映画は話の筋と関係なく登場人物が集団で歌ったり踊ったりするシーンが頻繁に出て

来る。物語自体は単純で勧善懲悪、ハッピーエンドが多い。ラブシーンも基本的には少ない。インド最大の娯楽とされる映画は、日々の暮らしに疲れた、経済的に恵まれない人々が観客の主力である。

だから登場人物の恋愛物語や成功談に自分を重ね合わせ、日常のつらさや単純さを忘れられるように作られている。歌や踊りはその大事な要素だ。観客は歌に合わせ劇場で手拍子をしたり、立って一緒に踊ったりする。

「パットマン　5億人の女性を救った男」(インド・平成30年)
現代のインドで安価な生理用品の開発に人生を捧げた男の感動の実話

しかしこのインド映画にも最近は変化が出てきた。それは作品から踊りが消え、作品の長さも二時間位と短いことである。これは海外に三千万人住んでいる在外インド人の存在が大きいという。これらの人々に欧米の価値観が浸透し、名物演出に違和感を感じて抗議しているからだ。外国上映の映画チケットやＤＶＤの単価が高い国外の収益が、より重要になってきたためでもある。最近は中国への輸出も多く、インドにとって中国市場が最大の外貨獲得国となっている。

いずれにしても現在のインド映画は技術の進歩も大きく、世界映画祭などへも多く出品するようになった。こうした傾向はこれから益々増えてきそうだ。

アジア圏で、飛び抜けて元気の良い国を三国挙げたが、台湾、香港、シンガポール、ベトナムなどの国も進歩が著しい。日本映画も狭い国内市場にとらわれず、海外市場にどんどん進出しないと生き残れないのではないか。国をあげてもう少しダイナミックな映画振興策を是非とも進めて貰いたいものである。

第Ⅱ部

日本映画に〝スター〟がいた時代

尾上松之助　活動大写真の大スター「目玉の松ちゃん」

★プロローグ　映画の創成から無声映画の時代へ（大正元年〜一五年）

大正時代の子供たちは、家父長制度の中で、国や皇室、親に忠誠を尽くす人間になるよう教育され、日露戦争の乃木希典将軍や広瀬武夫中佐など、英雄を称える修身（道徳）教育が徹底された。

そうした時代に動く写真として一八九六（明治二九）年に日本に輸入された映画は、活動写真として普及。大正時代に一気に市民権を得ていった。映画といっても無声映画（サイレント映画）で、作品は俳優や個人が製作するなど混然としていた。そうした中、大資本の日活が一九一二（明治四五）年、松竹が一九二〇（大正九）年会社を設立して、本格的な活動写真の製作に乗り出した。

こうした時代に大活躍したスターは「目玉の松ちゃん」と親しまれた尾上松之助《おのえまつのすけ》であった。松之助は英雄や豪傑を演じたので、子供たちに大人気になり活動写真は栄えていった。写真の面白さが大人たちにも波及し、映画は絶大な人気になった。当時は今でいう現代劇（新劇）は少なく、圧倒的な人気は時代劇（旧劇）であった。

一九二三（大正一二）年九月一日、関東大震災が発生。震度七の地震は東京、神奈川を中心に死者一四万人、全焼家屋三八万一、〇〇〇戸を超す大惨事になった。この大震災で日本の社会や経済が激変。日活向島撮影所、松竹蒲田撮影所も大被害を受け、撮影機能が京都へ移った。大正後期になると、洋画も普及しファンも新しい活動写真を求めて成長していく。日本映画の黎明期である。

しかし、時代は暗かった。労働争議、社会運動が活発で、政治、経済、が混迷していた。明治時代の「藩閥政治」から脱皮しようと「大正デモクラシー」と呼ばれる自由主義・民主主義的な風潮が広がったが、政局は混乱し、軍部の力が益々巨大化した。一九一四（大正三）年八月には、日本がドイツに宣戦布告し、第一次世界大戦が始まり、一九一八（大正七）年にはシベリアに出兵するなど国民の困窮は長く続いた。

日本初の流行歌手・松井須磨子が「カチューシャの唄」で大人気になり、後期になると「俺は河原の枯れすすき」「夕闇せまれば」などの失意に満ちた暗い歌ばかりが流行った。

世紀の大スター「目玉の松ちゃん」

明治末期から大正時代にかけて「目玉の松ちゃん」と親しまれた尾上松之助は活動写真のスターとして人気になった。この人の活躍した一九〇九（明治四二）年～一九二六（大正一五）年迄の一七年間は、活動写真が飛躍的に発展し、松之助の活躍で日本映画は大衆娯楽としての地位を築いた。まさに世紀の大スターであった。

尾上松之助は一八七五（明治八）年九月一二日、岡山市西中島町に生れた。本名・中村鶴三。家業は「貸座敷業」である。この稼業、住んでいる所が花街、遊郭の街だったので、平たく云うと、逢引部屋のレンタル業というところか。松之助は昼夜間断なく出入りする艶《あで》な風姿《すがた》の芸娼妓《げいこ》を友とし、「三弦の響きを眠《ねむり》の唄と聞いて育った、かくて私は知らず知らずに遊芸が好きになった」（尾上松之助自叙伝・春草堂出版）と語るように、幼少時から芸事を聞いて育ち、自身も踊りや三味線を市川一という師匠に習った。

自宅近くに岡山一番の「旭座」という芝居小屋があり、その一座の二代目・尾上多見蔵に請われ六歳で子役として舞台に立った。この舞台が松之助の一生を決めることになる。

学校に行きながら舞台役者に熱中する松之助を心配した父は、岡山市上之町の呉服屋へ奉公に出すが二、三日しか続かなかった。父と将来について揉めたが、芝居好きの松之助は「お父さん、私が役者になったら、小芝居や田舎芝居の人になるかも分かりませんが、きっと頭にだけはなって見せます」と言って役者になることを決意し嘆願する。

父は「そんなに芝居が好きか」「はい！　好きです」。父はそうまで言う松之助に「出世するまで家に帰らない」ことを約束させ旅に出させた。一五歳の時である。

それ以来松之助は、いろいろな旅回り一座に入り役者修行を続けた。自分が座長で一座を組んだ時は日清戦争の最中だったので、客が入らず苦労の連続だった。

松之助の描いた〝役者への夢〟は遠く厳しかった。一〇年間も旅から旅への生活。その間、旅稼業の辛酸をなめ、座長尾上松之助（音羽屋）の名跡を襲名した時は、すでに二八歳だった。

その後の一九〇四（明治三七）年、大阪・九条繁栄座で興行をしているとき、後に映画の父と言われる牧野省三との再会があった。牧野は以前、自分が経営する京都・千本座で公演していた松之助を懐かしく思い、狂言「狐忠信」の舞台を見にいった。そのとき松之助の変わり様に驚く。「トンボ松」と言われるような身軽さで客を喜ばしていた。変身した松之助をみて牧野は楽屋を訪れ千本座への出演を依頼した。千本座に出演した松之助は好評だった。

尾上松之助三四歳でデビュー

牧野は松之助の芝居を見て、この男は芝居よりも活動写真に向いているのではないかと考えた。そこで、以前に仕事をしていた横田商会・横田永之助と契約を結び直し、松之助で活動写真製作を再開することにした。その第一作が一九〇九（明治四二）年公開の「碁盤忠信《ごばんただのぶ》 源氏《げんじ》礎《いしずえ》」（監督・牧野省三）で、松之助三四歳の時である。

このときのことを松之助が記している。

「明治四二年一〇月一七日、この日、尾上松之助なるものが、レンズの前に立った最初で有った（略）。何分、最初の事とて、物珍しさや何やで大変な騒ぎ。大長寺の境内に道具を持ち出して、大事に、大事に撮影した。

思い出すと可笑しいが、その頃は撮影技師の技術も進歩して居らぬため、雲が出て、太陽が隠れると、もう機械（カメラ）の運転中止で俳優は、今、しかけたままの形で、雲間に日の出るのを気長く待ったものだった（略）。

初めて、フィルムが出来上がってその映写を見た時、私はただ、異常な感に打たれ、過去の私の考え方が根底から破られた。撮影した連中は誰も彼も、面白そうに、自分は、あのような

大きな撮影所も無く、大型テントを張り、セットを組んで撮影した（大正８年頃）

物かと、よると触るとその事ばかりを話し合った。私もとにかく面白いものに思った」（「目玉の松ちゃん―尾上松之助の世界―」尾上松之助著　日本文教出版）

　この撮影で、松之助は歌舞伎の門閥で無い自分を鼓舞し、「これを好機とし、この道に身を献げ、新しい世界に踏み入ってみよう、と、ここに根強い私の決心が定められた」と記している。

「松之助がデビューした当時は歌舞伎役者を河原乞食と言っていて、活動写真役者はさらに低く見られていた。松之助は板の上の芝居、つまり舞台から、土の上に降りてする芝居（活動写真）に出ることなど、役者としての堕落であると云って尻込みしていた。父（牧野省三）はそのため、千本座裏の大長寺境内の「土の上」に、ござを一面に敷いて舞台をこしらえ、第　回主演作品「碁盤忠信」を撮ることに成功した」（「映画渡世・天の巻」マキノ雅弘著　平凡社）

　松之助映画を観て、一九二七（昭和二）年に映画界にデビューした名優・嵐寛寿郎（二五歳）は、「当時、映画俳優は河原乞食のもう一つ下やった。坂（舞台）から泥におりるとは、どういう了見や」と言われて、歌舞伎役者の叔父は、「いきなりワテの横面を張りました。ばあさんも反対ダ、ふだん縁のない親戚まで目クジラをたてて反対だった」と語っている。この時代、活動写真が市民権を得るのはまだまだ先だった。

松之助がデビューしたこの年、日本の元総理大臣・伊藤博文が中国ハルビンで狙撃され死亡する事件が起き、中国の間島で日清両軍が衝突するなど、日中間の緊張が続いていた時でもある。

三日に一本完成した、松ちゃん映画

尾上松之助と牧野省三監督は三日に一本、作品を完成させた。そのため尾上松之助は一七年間の俳優人生で、一、〇〇三本という恐るべき数の作品に出演できた。

尾上松之助（左）と牧野省三（明治末期）

元々、撮影台本も無かった。義太夫ファンの牧野が口だしで、筋やセリフをしゃべり、それを聞いて俳優は演技して撮った。松之助や共演の役者も馴れていたから殆どカンで芝居をしていた。口でしゃべるセリフを監督助手が傍で書き抜いて、それを元に弁士の使う説明台本を作っていた。

牧野は頭の中で今日のセットは何と何を撮る。明日の出張撮影には何の場面と何の場面を写すと考えておき、一人ひとりの役者には「お前はこういう髪と、こういうカツラを用意し、衣装もこれと、これを支度しておけ」と言い聞かせ、その場に及ぶと「カツラは何に、着付けは何、それでお前は何役だ」と命じる。役者は直ぐにその役に変身する。…という具合だった。

そして同じセットや、同じロケーション先で、ちょっとした髪の付け替え、衣装の着替えで、異なった人物に扮し、違った劇を作るのであった。こうした乱暴なやり方ながら、牧野の非凡な才覚と映画に関するカンの良さでどんどん撮っていった。

活動写真の撮影現場

明治後期から大正初期の活動写真撮影は、装置（機材）、衣装、大道具、小道具、出写（ロケーション）費、雑費、俳優費、その他、撮影に関する一切の経費をひっくるめて、一本三〇円（但しフィルム費を除く）で出来た。当時、お米一〇キロが、一円七八銭であったから、まったく安くできた。

フィルムの使用量も極めて少なく、三千フィートのネガ・フィルム（陰画）と、一万フィートのポジ・フィルム（陽画）があれば三本の映画が出来た。一本の長さが三〇～四〇分だったので、製作日数も短く、だいたい三日程度で撮影が終わった。

大正初期、京都嵐山ロケ先で
中央が尾上松之助、右のソフト帽子が小林弥六監督

ただ、活動写真の撮影はフィルム感度が悪いので昼間が多かった。松之助の演じる主人公はいつも背筋を伸ばし、どんなチャンバラでも着物ははだけず、髪も乱れず、平静な顔をして型にはまった演技をしていた。要するに舞台なのである。

一方、時代劇の方は、チャンバラは激しく、切るか、切られるかの切迫感があり、乱闘が重なると前ははだけ、ザンバラ髪となり、美男スターがすさまじい形相となった。こちらは、要するにリアルなのである。こうしたリアル作品は一九二三（大正一二）年に阪東妻三郎がデビューした「鮮血の手形」以降顕著になっていく。

尾上松之助は、人気下降気味の時でも、最後まで旧劇のスタイルで活動写真を撮り続けた。松之助は決して二枚目役者ではなく、名優でもなかったが、身のこなしが軽く、小柄で、顔の大きかったことが、活動写真スターになれた要因だった。

当時のカメラは非常に重い。そのため撮影はカメラを固定して行なった。まず舞台のイメージで撮影アングルを決め、その中で役者が演技をする。こうした撮影方法だと、大柄の役者は画面から姿がはみ出てしまう。小柄で軽快、そして、〝顔が大きい〟方が見栄えがした。松之助はそれにピッタリだった。松之助のライバルだった、天然色活動写真株式会社（天活）の澤村四郎五郎もまた同じような体形で、その大きな顔のことを「馬が提灯をくわえた」といわれたほど。しかし人気があった。

大衆から愛された「目玉の松ちゃん」

ドサ回りの役者だった松之助が、活動写真の大スターになり、「目玉の松ちゃん」と呼ばれるようになるのは、活動写真に出演して直ぐの一九〇九（明治四二）年一〇月公開の三作目「石山軍記」からである。松之助は楠八郎に扮し、高殿で御文章を読み上げながら、敵の軍勢をハッタとにらみつけ目玉をギョロリとさせたことから、観客が「よう目玉！」「目玉の松ちゃん！」と掛け声をかけた。これが「目玉の松ちゃん」の始まりであった。

その頃の作品は活動写真と呼ばれた通り、写真が動いて見えれば良かったし、ましてや、映画芸術の芽生えはおろか、劇映画の形態すら生まれなかった。初期の活動写真は、舞台役者に出て貰い、舞台の芝居を写真に撮って、それをスクリーンに再現したものだった。だから知識人からは「写真芝居」と揶揄《やゆ》された。

松之助の忍者物ではハリボテの人ガマなどが平気で登場した。そのため活動写真にうるさい通は、洋画と比較して愚劣・低俗扱いし、「袖で鼻汁を拭く子が見る活動写真」などと悪口をいった。それでも松之助は、眼をむき、刀を振り回し、大衆や少年たちのヒロイズムを鼓舞したので、絶大なる人気を誇った。

後年「鞍馬天狗」で一世を風靡した嵐寛寿郎が語っている。

「ワテは小学校五年生（十歳・大正元年）で卒業し、京都七条大宮、着物の衿の製造販売問屋に丁稚奉公しました。毎朝五時に起きて、晩の十二時まで仕事をさせられ、睡眠時間は五時間だった。朝飯は、タクワン二切れ、汁もつかない。給料は一か月一円。休みは月に一度。留置場のような生活を一八歳まで辛抱した。

「忠臣蔵」(日活・大正9年)
大石内蔵之助を演じた松之助

休みには、給金の一円にぎって活動シャシンを見に行く。これが一番の楽しみダ。市電一銭五厘、その一銭五厘が惜しゅうて、七条大宮から京極まで四〇分歩いていく。活動シヤシンを見て肉ドンブリを食うて、三十銭を散財したらお大尽やった。

何と言うても目玉の松ちゃん、尾上松之助。「三日月次郎吉」「岩見重太郎一代記」「忠臣蔵」（略）、忍者全盛のころです。九字をきって松之助がパッと消える。またあらわれる。カツドウ見た日は寝つかれしまへん、ふとんの中で全編を思い出しているんダ。ようやく寝ても、夢で続きを見ている」（「鞍馬天狗のおじさんは」竹中労著　筑摩書房）と語るように、松之助は、道徳教育と軍事教育、徒弟制度に縛られていた時代の、ヒロイズムを具現化する少年たちの夢の代名詞だったのである。

街にジンタ（楽団）と弁士の名調子が響く

動く写真として一八九六（明治二九）年一一月に日本に輸入された活動写真は、技術の進歩と相まって燎原《りょうげん》の火のように広がり、急速に発展し、大正時代には大人気になった。

活動写真を上映する劇場では、無声（サイレント）なので、内容を説明する活動弁士（活弁）、声色弁士（声帯模写）が必要だった。そのため説明弁士は文字どおり我が世の春を謳歌し、絶大の人気者になっていく。

そもそも、日本独特の弁士は、外国字幕を判読できない観客のための写真説明者だった。しかし、この弁士、活動写真と観客の間に大きな位置を占めた。弁士は無声で撮られた活動写真の物語を、それこそ舌先三寸で観客を煙に巻いたり、七五調で美辞麗句を語ってときには観客の紅涙をしぼった。

これが興行的に大きなキメ手になったことから、活動写真と弁士は不可欠な関係となり、やがては同じ映画を観るなら、人気弁士のいる映画館でという具合だった。その声望が高まるにつれ弁士が映画の価値を支配するまでになった。ついには、出演スターを凌ぐほど知名度が上がり、高給取りになった。

まさに弁士は映画界の盛衰を左右する程に勢力を伸ばした。邦画の場合、弁士は舞台上で斜めに構え、奥のスクリーンと観客席を交互に見ながら語った。このため当時の映画館には必ず舞台があった。

楽団を前に、男役、女役、仇役、子役など、登場人物とほとんど同数の声色弁士がステージの両袖に分かれて登場し、鳴物囃子よろしくそれぞれの役割を分担してセリフをやりとりした。いわば当時の活動写真というものは、見世物に毛の生えたような物だった。それでも、高い入場料の芝居見物には縁遠い庶民は、大衆娯楽が、歌舞伎や義太夫、講談、浪曲などしか無かった時代、弁士の名調子もあって「文明開化の光」のように迎えられた。そして、宣伝でジンタ（楽隊）が街を練り歩き、活動大写真の口上が街を賑わせた。そのため、庶民にとって安い活動写真は大衆的娯楽としての位置を占めていく。

活動写真宣伝隊、明治末期から街を練り歩いた

映画界も変わっていく。一九二〇（大正九）年には、松竹キネマ（後の松竹）が誕生し、一九二三（大正一二）年には東宝映画㈱が創立した。関東大震災が発生した年で、日本経済は慢

性不況から脱せずに、もがいていた時である。

そのため、映画も徐々に変化していく。時代劇が盛んな一九二一（大正一〇）年、世間をあっと驚かせた話題が有った。新興勢力の松竹が新劇（現代劇）でスクリーンに女優を登場させたのだ。それまで女性の配役は歌舞伎と同じ女形が演じるのが主流だった。それを四月公開の「虞美人草」という映画で、清楚な美貌と純情可憐な「栗島すみ子」を抜擢した。映画女優第一号の登場である。物語は継母のため、恋人のため、犠牲となって妾になり、目的を遂げた後、自らその命を絶つという、新派悲劇的要素の強いものだった。映画はヒットした。

尾上松之助逝く、会葬者は実に五万人

最後まで旧劇（時代劇）で活躍した尾上松之助だったが、一九二六（大正一五）年五月に「侠骨三日月」の撮影中倒れた。過労のため病床から二度と起き上がれず、同年九月十二日心臓病が悪化し五一歳の生涯を閉じた。亡くなったときは日活大将軍撮影所の所長も務めていた。映画の草成期から映画一筋一七年、馬車馬のように働き続けて来た松之助に安楽の時が来たようだった。

日活は松之助という偉大な偶像を失って、株が一時下落するほどのショックだった。牧野省

松之助の葬送に立ち尽くす人波。
舞台に立っていた「千本座」の前を柩が通る

三に見込まれ、旅役者だった無名の一俳優から身を起こし、三歳の子供が大臣の名前を知らずとも、松之助の名を知らぬ者がいないとの名優は、たゆまぬ努力によって築かれたもので、まさに当時の千両役者だった。葬儀は日活社葬として撮影所で行われた。

京都府知事をはじめ会葬者は実に五万人。葬列は延々三キロに及び、堀川丸太町の尾上松之助の自宅から、会葬所の太秦・日活大将軍撮影所までの沿道は、棺を見送る市民が二〇万人。生前、松之助がいかに大衆から愛されていたかが伺えた。

尾上松之助が他界して直ぐの、一九二六（大正一五）年一二月二五日、大正天皇も崩御された。一二月二五日から五日間、全国民は喪に服し歌舞音曲が停止となり、映画館もこの間は休業した。日本映画草成期のヒーロー「目玉の松ちゃん」は、昭和の年号を知らずに逝った。

小雪の舞う一九六六（昭和四一）年二月七日、京都府により松之助の胸像が、鴨川公園の等持院の近くに建立された。除幕式には片岡千恵蔵、月形龍之介、稲垣浩監督、共演した女優などの顔があった。

〈尾上松之助と同じ世代で活躍した俳優〉 市川莚十郎、澤村四郎五郎、山本嘉一、藤野秀夫、東猛夫、岩田佑吉、葛木香一、立花貞二郎、勝見庸太郎、井上正夫、島田嘉七、阿部五郎、川田芳子、花柳はるみ、飯田蝶子、吾妻光、英百合子、渡辺糸子、栗島すみ子、岡田嘉子、他。

阪東妻三郎　剣戟王、時代に斬りかかる

★プロローグ　無声からトーキーへ、そして弁士の時代（昭和初期・元年〜二〇年）

昭和初期は恐慌と凶作が続き国民は疲弊していた。そこに社会主義運動の高揚で、徳永直「太陽のない街」、小林多喜二「蟹工船」などのプロレタリア文学作品が登場し貧困階級の現状を訴えたが政府から弾圧。時代は日中戦争へと進んでいく。そうした背景の中、映画界がまだ若かった昭和初期、阪東妻三郎（阪妻）は「新時代劇」で庶民を鼓舞する作品を連発。圧倒的人気でヒーローになった。

阪妻は、尾上松之助の様式美な立ち回り時代劇を完膚なきまでに裏返しにして演じて登場した。刀を抜いて人間と人間が斬り合えば、こうなるであろうという様を、リアルに演じてみせた。これが阪妻を人気俳優に押し上げて行った最大の要因である。

新時代劇を演じた阪妻は「剣戟《けんげき》の阪妻《ばんつま》」として映画界に君臨した。

阪妻が活動した時期は、日本映画が最も変革し、かつ混迷していた時代で、活動写真が映画と呼び名も変わった。

一九三一（昭和六）年八月、日本で初のトーキー映画が登場し、映画もガラリと変わった。戦争の足音が聞こえて来た一九三九（昭和一四）年四月に「映画法」が制定され、製作会社は使用フィルムの制限と国威発揚映画を強要された。

一九四一（昭和一六）年一二月、太平洋戦争へ突入。劇場は電源不足で上映時間が一日二時間半迄とされ、アメリカ映画は禁止。大きい劇場は軍部に接収され風船爆弾の工場となった。それでも娯楽のない大衆からは安い映画が愛され、映画は発展していった。一九四五（昭和二〇）年八月一五日終戦。これ以降、日本国土は占領軍の統治下に入った。

新時代劇を開拓した剣戟スター

阪東妻三郎は一九〇一（明治三四）年一二月一三日、東京神田の木綿問屋の次男坊として生まれた。本名田村傳吉、高等小学校を卒業後、歌舞伎俳優になりたくて市川羽左衛門に入門を申し入れたが門前払いにあった。次に門を叩いたのが、十一代・片岡仁左衛門だった。

幸いに仁左衛門には内弟子として住み込みが許された。だが門閥の出でなかったので、お茶くみや下足番などの雑用ばかりに使われ、一向に舞台には出してもらえなかった。

二年余りの苦労に耐え、ようやく初舞台を踏んだのは大阪中座の「紙子仕立両面鑑」だったが、台詞《せりふ》が無かった。阪妻は何故か初舞台の喜びよりも、台詞のない舞台に出たことがかえって惨めで、自分が情けない存在に思えてならなかった。歌舞伎界の封建的体質に失望して片岡仁左衛門から離れる。

その後、浅草吾妻座や中村歌扇、尾上菊右衛門一座などで芝居していたが、一九二一（大正一〇）年転職し、国際活映株式会社（国活）や松竹・蒲田撮影所の仕出しで食いつないでいく。

一九二二（大正一一）年、国活で知り合った中村由松、片岡松花らと「青年歌舞伎団」を結成し、大歌舞伎に背を向けて旅役者になり全国を回った。歌舞伎演目の大役を次々にこなし、経験も積み、度胸もつけるが、旅芝居につきものの辛酸もなめつくした。

そうした最中の、一九二三（大正一二）年二月、新しく出来た京都等持院境内のマキノ映画にスカウトされ入社。二二歳のときである。この時、同じく脚本家として入社した寿々喜多呂《すずきたろ》九平《くへい》と安アパートでの貧乏生活を一緒にし、生涯の親友となった。

阪妻は大部屋からスタートする。「三好清海」「塩原多助」「お祭り作七」「仮名手本忠臣蔵」などのチョイ役で出演した。その後、盟友・寿々喜多呂九平が阪妻のために書いた「紫頭巾浮世絵師」の主役に大抜てきされるが、若すぎるという理由で、捕手で斬られ役にまわされ、寿々喜多とともに苦汁をなめる。このとき阪妻は、悔しくて死のうとまで思い詰めたが寿々喜多の説得で思い留まった。しかし、主役を逃した「紫頭巾　浮世絵師」は当たった。

「鮮血の手型」で鮮烈デビュー

寿々喜多呂九平が再度、阪妻のために書いた「鮮血の手型」前・後篇（監督・沼田紅緑）が一九二三（大正一二）年一〇月一〇日公開された。この作品は先にヒットした「紫頭巾　浮世絵師」に続く「佐平次捕物帳」シリーズの第二弾である。この作品、形の上での主役は当時勢いのあった市川幡谷に奪われるが、阪妻は双子の兄弟に扮して善悪二役を演じわけ、主役の市川幡谷を完全に食った。

阪妻は道場の師匠襲撃と強盗の冤罪によって国元を追われる栗島要之助（兄）と、双子のニヒルな弟・逸平太（弟）を演じきった。今日的な青年の苦痛と激情、封建社会であるがために愛が叶わず、悩む若き反逆者を描きヒットした。この作品以降、名前を愛称で妻三郎と呼ばれるようになり、彗星のように売り出し、阪

後年になって撮った「左平次捕物帖　紫頭巾　解決編」（監督／マキノ正博・昭和24年）

妻はこの作品で人気俳優の第一戦に躍り出た。

その後「三日月次郎吉」「怪傑鷹」「燃ゆる渦巻」「血桜」など、多くの映画に出演したが、阪妻の立ち回りが評判になった。「当時の立ち回りは、一人斬るごとに見得をきった。しかし、斬っちまえばもう敵じゃない。その次の敵に襲い掛からなければウソだ。それを阪妻にやらせると実に上手い。斬っても目を左右にギタギラ光らせる。次の襲撃にうつる。その素早さ。こんな素晴らしい剣戟俳優がほかにいるものかと思った。あの猫背も、そのとき肩に力をいれた見構えから自然になったものだ」（マキノ映画、監督・二川文太郎）。

阪妻人気は「江戸怪賊伝　影法師」（監督・二川文太郎）で決定的に爆発する。寿々喜多呂九平の脚本である。十手の陰で悪事を働く目明しの赤鬼喜蔵（中村吉松）と戦う影法師（阪妻）の物語である。社会体制と、お上に立ち向かう影法師が人気になりシリーズ化された。

しかし一九二五（大正一四）年七月、阪妻は自分の好きな映画を撮ろうと、お世話になったマキノ映画を離れ、阪東妻三郎プロダクションを設立する。マキノ映画から離れていく阪妻を世間は忘恩の徒として糾弾した。しかし、そうまでしても自分の好きな映画を撮りたいという願望が阪妻には強かった。阪妻プロの第一作「異人と武士」は東京吾妻撮影所で撮影し、作品は恩義のあるマキノ映画で配給した。

大剣戟映画「雄呂血」誕生!

阪妻プロ二作目、「雄呂血《おろち》」（監督・二川文太郎）は、一九二五（大正一四）年一一月二日公開された。これが封切りされると上映した劇場は観客でいっぱいになった。

同年のキネマ旬報一一月二五日号の映画評では山本緑葉が「乱闘劇の模範となるべき映画」の表題で、「若さそのもののごとき阪妻の活躍奮闘は、見る者を酔しめ、かつ熱狂せしめる偉大なる魅力を認めずにはいられない。熱しやすき民衆は、作家の思想と、監督の技量と阪妻の熱演に訳もなく熱狂するであろう。興行価値まさに絶大なり」と絶賛した。

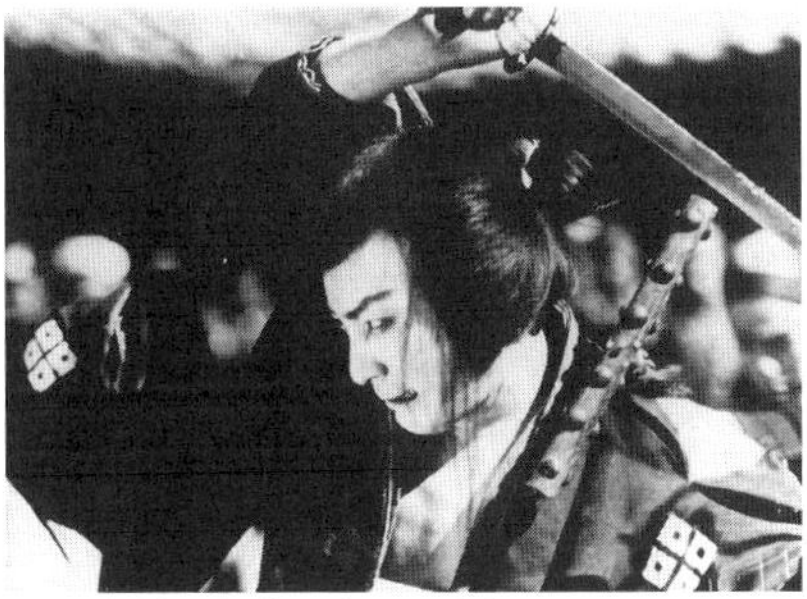

「雄呂血」(阪妻プロ・大正15年)

また、この作品は当時の時代を見据えたアナーキズムの影響があり、ニヒリズムの香りが漂う作品と思想的な分析をする人も多く、社会的にも多くの影響を与えた。当時としては画期的名作であった。

物語は享保年間（一七一六〜三六）。久利富《くりとみ》平三郎（阪東妻三郎）という若侍が、良かれと思って行動することが逆に、心ならずも乱暴狼藉に及びそれが次第に激化していく話である。決して自分の方から乱暴を働くわけではなく、一途さゆえに誤解され、分別ある行動や秩序を求める社会が、平三郎に無理に刀を抜かせる。

そういう男を作り上げていく社会の酷薄さが描かれていく。

平三郎の最後は捕り方に囲まれ、その殺陣《たて》が延々と二〇分近くも続く。時代劇の立ち回りに出て来るあらゆる捕物の手口や道具立てが、このシーンですべて登場する。

二〇分の殺陣は空前絶後の乱闘劇である。しかし、阪妻の殺陣は誇張し、美しく魅せ、よりリアルに描く。体を低くかまえ、刀を前に突き出し、上目使いで相手をにらみすえ、投げつけられた瓦を剣で受け止め、掛けられる縄を切り、次から次へと押し寄せる捕手と戦いが続く。この大殺陣に観客は酔った。

巨匠・伊藤大輔監督は「阪東妻三郎の殺陣は、上体が沈む、前のめりに剣を構えまして、しかし両腕はまっすぐに伸ばします。攻撃の型ではない、追いつめられて、追いつめられてやむを得ず迎え撃つのだという思い入れ。上目使いに相手を見る。その眼がなんともいえず悲しい。「雄呂血」というのがありましたろ、私はあの映画を時代劇の悲壮美の極致と見ました。バンツマこの人、スターなどといってはぴったりときません。〝わざおぎ〟歌舞伎の世界でいう大名題、百年不出世の傑物でした」と評した。

阪妻の演ずる若者は、いかに抵抗しようと、何人斬り殺そうと、行きつく先は明らかに見えている。捕手群が象徴する権力と、権力を支える法の規制から逃れることは出来ないと。観客はそれを知って阪妻の演じる若者に、我が身を投影し拍手するのであった。

脚本を書いた寿々喜多呂九平は当初この作品を「無頼漢」と名づけていた。ところが国の方から無頼漢のような人間を賛美する作品は受け付けないと改題を迫られた。寿々喜多呂九平は自暴自棄の様になり「雄呂血」という題名をひねり出した。どうせ大蛇《おろち》のように忌み嫌われる人間ならと云う意味だったとか。

「雄呂血」が公開された年は、一年前に起きた関東大震災の復興に立ち上がっていたが、治安維持法が公布され、民主主義思想などの持ち主が根こそぎ検挙された。軍事教育反対運動も起き、東京放送局でラジオ放送が開始された時である。

この作品で、阪妻は剣戟王としての名声を更に不動のものにした。阪妻はニヒルな人物を演じると右に出るものがなかった。それがまた激しい剣戟とリアルな演出で、映画界に衝撃を与えた。

観客も圧倒的に、のたうちまわって苦悶する阪妻のヒーロー像を支持した。阪妻の出る映画、出す映画が全てヒットした。時代が軍事政権下で暗く、困窮する市民生活が背景にあったためだろうか。

ユニバーサルと提携し撮影所建設

「江戸怪盗傳　影法師」「雄呂血」などのヒットで勢いづいた阪妻プロダクションは、

一九二六（大正一五）年一月、マキノ映画から完全に離れ、時代劇部門の弱い松竹からの誘いに乗じて提携をする。同年五月、京都市太秦に撮影所を建設した。撮影所は広隆寺の裏手に構えた。今でこそ太秦は京都映画のメッカであるが、当時、京都人さえ太秦《うずまさ》と読める人が少なかったし、どこにあるのか、知らない人が多かった。

翌年の一九二六（昭和元）年、阪妻プロはアメリカのユニバーサルと提携し、製作・配給に乗り出した。しかし、その夢は僅か半年で消え去った、というのはユ社と阪妻プロのあいだで交わされた契約の解釈問題がこじれ、阪妻が怒って決裂したのだ。しかし、裏事情が有ったようだ。アメリカの映画会社が日本に進出してきたことを恐れた松竹が、血の気の多い阪妻をたきつけて喧嘩させたらしい。何にせよ、アメリカの信用を害して、せっかくの日本映画の世界進出を阻んでしまった。

京都・太秦阪東妻三郎プロダクション撮影所
右から3人目が阪東妻三郎（大正15年）

しかし、阪妻の映画が当たるので、一九二七（昭和二）年二月、松竹に請われて阪妻プロは松竹資本系列の株式会社に改組し、作品配給の委託提携を交わす。それからと云うもの「邪痕魔道」三部作や「砂絵呪縛」三部作。「鼠小僧次郎吉」などが、当たりに当たり、松竹のドル箱スターになった。阪妻プロダクションはスタジオを持ち、製作する映画も当たるので、その勢いは大変なものがあった。

しかしその後、松竹が市川右太衛門プロの作品配給を受けたこと。新人・林長二郎（後・長谷川一夫）に力を注ぐことになり松竹との提携を打ち切る。この頃から阪妻プロ作品に陰りが見え、阪妻プロは京都太秦の撮影所を松竹系の新興キネマへ売り渡し、一九三一（昭和六）年二月、新天地を求め関東へ移転した。そこで京成電鉄㈱から土地を提供して貰い、四月には千葉県谷津海岸に一万二、五〇〇坪の広大な敷地に第一ステージ付きの撮影所を建設。ここで「月形半平太」「埋蔵金三万両」「天狗の安」などの無声映画の製作を続けていく。

阪妻が関東へ活動の場を移した一九三一（昭和六）年は、満州事変が起き、東北地方は大凶作で国民は喘いでいた。巷では「満州行進曲」「酒は涙かため息か」が流行り、世情は暗かった。

トーキー映画 日本上陸！

時代は技術革新が進み活動写真にも音声が付けられた。日本に外国のトーキー映画が輸入されたのは一九二七（昭和二）年で、更に本格的な作品が入って来たのは一九三〇（昭和五）年である。ドイツのレマルク原作で第二次大戦を描いた「西部戦線異状なし」や、ルネ・クレールの「巴里の屋根の下」などであった。

しかし、それらのトーキー映画は、トーキーの調子を少し下げ、弁士が日本語で解説していた。観客にはこの方が理解でき楽しめた。そのため洋画弁士は、まだ生き延びる道は残されていると意気軒昂だった。ところが翌年の、一九三一（昭和六）年二月公開されたゲイリー・クーパーとマレーネ・ディートリッヒ主演の「モロッコ」で、画面にスーパーインポーズ（字幕）が採用されるにおよんで、事情ががらりと変わった。この映画が全発声日本版として上映されると大ヒットになった。観客は初めて体験するトーキー映画の素晴らしさを知って驚喜した。この作品で、我が世の春を謳歌していた洋画弁士は息の根を完全に止められた。

しかし邦画弁士は、まだトーキー恐れるに足らずの声が強かった。何故なら、俳優がセリフに慣れていないこと。併せてトーキーは無声映画の三倍も製作費が掛るので普及が遅れる等の理由があった。更に初期のトーキーはフィルム式ではなく、土橋式と呼ばれたディスク式のもので、音量が不足していた。そのため俳優の言うセリフが、はっきりと聞き取れない程だった。フィルムと音が連結されているといっても、音声装置はレコード盤で、いったんフィルムが切れると映像と音をぴたりと合わせるのが大変だった。

無声（サイレント）映画の場合、映写機は手廻しだったが、トーキー映画は自動式。使用する電気も、それまでの交流では無く、直流を用いなければならかった。そうした映写技術の問題、設備の問題と邦画は問題ばかりが多かった。

日本初のトーキー映画「マダムと女房」

しかし、こうした技術的課題は映画人の懸命な努力で意外と早く解決した。松竹が日本初の本格的トーキー映画を一九三一（昭和六）年八月三一日公開した。「マダムと女房」（監督・五所平之助）である。この作品は、松竹蒲田撮影所長・城戸四郎（後に社長）の陣頭指揮の下、会社の総力を挙げて製作された。

「マダムと女房」（松竹・昭和6年）
右から田中絹代、渡辺篤

映画は日本初のトーキーということで話題になり、派手な宣伝もあって、観客が押し寄せ大ヒットした。音声も鮮明で観客の評価も上々だった。成功である。まさに日本トーキー映画の幕開けだった。このトーキー化で映画製作の弱小プロダクションや、設備資金がかかる劇場は経営が成り立たず大資本傘下に入っていく。「マダムと女房」の公開以来、邦画の弁士も仕事が少なくなり、地方舞台の暗がりで細々と生きていたが、一九三五（昭和一〇）年には日本映画も完全にトーキー化され失業していく。弁士の給料は俳優のギャラに勝るとも劣らなかった。豪邸を建てた弁士も沢山いたので、その栄枯盛衰が話題になった。弁士の失業が社会問題になり、トーキーを推進した松竹・城戸四郎の自宅が日本刀を持った暴漢に襲われる事件も起きた。

☆「マダムと女房」が公開された一九三一（昭和六）年は、若槻礼次郎内閣が成立し、軍部の力が増し九月一八日満州事変が勃発した。金輸出が全面禁止になり、戦争へ、戦争へと進む時代へ突入していた。明るいニュースは北里柴三郎がペスト菌を発見し伝染病の感染を捉えたことで世界中から賞賛されたことである。巷では古賀政男作曲の「影を慕いて」「酒は涙か溜息か」や、藤山一郎が歌う「丘を越えて」が流行っていた。

阪妻、トーキー映画と大格闘！

時代がトーキー映画になっても、阪妻は「おれの作品はトーキーでなくても売れる」と豪語していた。しかし一九三五（昭和一〇）年一〇月、阪妻はトーキー映画に初挑戦することになった。その第一作が新興キネマ製作の「新納鶴千代」（監督・伊藤大輔）である。

この時の撮影苦労を、伊藤監督は「阪妻の台詞は声が細くて甲高く、活弁調で手のつけようもなかった。なんとか聞くにたえるものにしょうと発声を矯正したり、台詞を変えたり、物を言わない芝居に変えたり、ごまかしに腐心した」と語る。そのため撮影は延びに延びたが、上映してみると「新納鶴千代」はそれなりの客の入りが良かった。ところが、阪妻の剣戟王らしからぬ、かん高い声や、台詞が悪くファンをがっかりさせてしまった。

それでも阪妻は「魔像」「江戸秘帖」など八作のトーキー映画に出演し頑張っていたが、一九三六（昭和十一）年十二月の「怒涛一番乗」を最後に、俳優活動を休止することになった。阪妻はトーキー映画ではダメな俳優のレッテルを貼られ、人気がガタ落ちしてしまったからである。

谷津の撮影所も時代はトーキー映画へと進んでいたので、ヒット作に恵まれず一九三五（昭和一〇）年五月、膨大な赤字を抱え「大日本自由映画プロダクション阪東妻三郎関東撮影所」は倒産した。

「新納鶴千代」（新興キネマ・昭和10年）
右から阪東妻三郎、山田五十鈴

トーキー映画の失敗、撮影所の倒産で阪妻プロも解散した。阪妻は仕事も来ず、俳優活動を休止することになり京都の自宅へ戻る。三三歳の時である。活動の休止は生涯最大の失意の時でもあった。若くして時代劇の大スターとなった阪妻が、十一年間のプロダクション経営で得たものは名声でもなく財産でもなく、借金と人に裏切られた口惜しさと、凋落する孤独の淋しさだった。景気の良かったときこそ整理に困るほど集まった人々はいつしか身辺から去っていった。この間半年、阪妻は失意の中、自宅から出ることもなく生涯初めての長い休息を送った。

台詞の勉強で声帯つぶす

そのとき、失意のどん底を救ったのが、無名の阪妻をスカウトし、一代の名優に仕上げた、牧野省三の息子、マキノ正博であった。阪妻を一俳優（給料制）として日活へ推薦、阪妻も初心に帰り、芸道一筋に打ち込むことを誓い、再出発することになった。

その最初がトーキーの克服であった。阪妻は「トーキーは苦労ですな」と言って、発声法を会得するのに一か月近くもかかった。自分の声を音盤に吹き込んで聴いた。これが自分の声だとわかるのに数日かかった。裏声も研究した。台詞の文句は居間にこもって反復し、筆をとって巻紙に書いた。二階の居間にこもりきりで出てこなかった。

終日、自宅で大声を張り上げ、近所の人から〝動物園〟と呼ばれ、撮影所から阪妻発狂説が流れるほど、発声やセリフの勉強をした。最初は活動弁士の語り口が正しいと思い、それを真似たり、試行錯誤を繰り返し、悪声を克服していく。

復活を掛けていた阪妻の第一作が一九三七（昭和一二）年七月に公開された「恋山彦、前・

後篇」（監督・マキノ正博）だった。マキノ正博も日活入社第一作だったので阪妻は心強く演じられた。

マキノ監督は娯楽映画作りに徹し、ラストは延々と阪妻得意の大乱闘を描き、剣戟王・阪妻の蘇生を告げるもので、これが当った。また阪妻の喉の奥から絞り出すような台詞も好評だった。しかし発声訓練の無理がたたり、喉が潰れ、以後しゃがれ声になってしまった。しかし阪妻は声が変わってしまったことを全く後悔せず「こういう声の方が、凄みが出る、前よりずっといい」と語り押し通した。

戦中の映画界と阪妻

阪妻は一九四一（昭和一六）年、稲垣浩監督の「江戸最後の日」で、勝海舟に扮し、チャンバラのない作品で新生面を見せるとともに、台詞の危機を乗り切り抜け、完全にトーキーで復活する。

「江戸最後の日」が封切られた一〇日後の一九四一（昭和一六）年一二月八日、日本は英米に宣戦布告してハワイ真珠湾を攻撃、太平洋戦争へ突入した。

何とも困難な時代だった。映画界も、ご多分にもれず、フィルム使用は制限され、既存の映画会社は国策で統合された。映画館はスクリーン横に国旗が掲げられ、上映前には皇居へ向かって敬礼をしてから上映された。上映作品は軍部の検閲を受けた作品で戦争高揚映画ばかり。ニュース映画が活況だったが、これも検閲で歪曲され真実の報道は無かった。正に自由の無い時代だった。

このとき活躍していたのは「丹下左膳」「国定忠治」が当たっていた大河内傅次郎、「鞍馬天狗」などでお馴染みの嵐寛寿郎などがいた。

阪妻が入社した日活は、社内の内紛が収まらず、その後、低迷していたので製作部門が国策で「大日本映画製作株式会社」(後の大映)に併合される。

検閲でズタズタにされた「無法松の一生」

阪妻は吸収された大映でも活躍した。太平洋戦争が激化する中、伊丹万作の脚本を得て、稲垣浩監督で奇跡のような名作を生んだ。「無法松の一生」である。

戦争から戦争へと続くこの時代、日本の男を描いたものとして「無法松の一生」は戦火の激しい時代にもかかわらず、大衆から圧倒的支持を得てヒットした。阪妻はこの作品で日本映画史上に輝く名演技をし、喝采を浴びた。

「無法松の一生」は、一九四三(昭和一八)年一〇月二八日に公開され、涙した人は多い。岩下俊作の小説「富島松五郎伝」の映画化である。内容は、車引きで無知で粗暴な男が、未亡人に恋心を抱き、純愛一途に生きた物語である。

この作品は大映発足の翌年で、阪妻は出演依頼を一度断っていた。興行的にも当たる可能性の少ない素材だった。しかし、稲垣浩は再三、再四出演依頼を繰り返した。

阪妻も稲垣監督とは「飛龍の剣」「血煙高田馬場」「闇の影法師」「江戸最後の日」などを撮っていたので性格はよく知っていた。阪妻は稲垣に「命を懸けてもやるつもりか」と聞いた。稲垣は「そうだ」と答えると、「よし、私も頑張ろう」と応じて出演が決まった。阪妻は自分で人力車を引いて役柄を工夫し、日常生活でも車夫の生活を真似て役づくりをおこなった。撮影中は自宅に戻っても勝手口から入り、食事も台所で食べるなど、車夫になりきった。完成した作品は、阪妻が日本映画史上の名演技の一つに数えられる演技を生み出した。

「無法松の一生」(大映・昭和18年)
右から園井恵子、阪東妻三郎、沢村アキラ(後・長門裕之)

この作品は脚本の段階から内務省の事前検閲が入った。まず、無法松が主人公である事が問題になり、賭博場面、喧嘩場面は完膚無きまで削除された。

更に出来上がった作品を観て内務省の検閲室長が、「車引きが軍人の未亡人と恋とは言語道断である。このような非国民映画は絶対に通せんぞ」と激昂し検閲官を叱責し息巻いた。公開した年は日本がガダルカナル島やアッツ島で守備隊が玉砕し、連合艦隊司令長官・山本五十六も戦死。敗戦が濃厚だった時期だけに、一〇分四三秒も削られる無残な物になった。「無法松の一生」は、車夫が美しい未亡人を想っても、どうにもならぬという時代、併せて人間的な悲しみの演出が良かった。それが人間愛の発露として、人々の心を打った。

これほど善良で純真な男はいない、庶民の理想像として、長く語り伝えられるようになった。軍国主義的滅私奉公が罷り通っていたこの時代、よくこれだけの骨太作品が撮れたものだと感心する。伊丹万作の練られた脚本、稲垣浩の演出、宮川一夫の天才的な撮影技術、阪東妻三郎の名演技、どれをとっても、まさに一級品である。

名作「王将」誕生！

阪妻はこれ以降「剣風練兵館」「かくて神風は吹く」「狼火は上海に揚る」「東海道水滸傳」などを撮っていたが一九四五（昭和二〇）年八月終戦。

占領軍によって「封建的忠誠および復讐の信条に立脚する」作品が制約され、時代劇が撮れなくなった。それでも終戦の年の一一月、狐退治に出た川人足が赤子を拾い、育てる羽目になり、愛情込めて育てた男の子は何と、大名のご落胤だったという、人情喜劇「狐の呉れた赤ん

「王将」(大映・昭和23年)

坊」をヒットさせ話題になった。また民主主義啓蒙映画「犯罪者は誰か」などに出演した。一九四七（昭和二二）年にはチャンバラの無い「素浪人罷り通る」や「木曽の天狗」などを撮っていた。

その後、阪妻の「新納鶴千代」など、時代劇で数々の名作を撮っている伊藤大輔監督が、戦後占領軍の方針で時代劇の製作が禁止され、作品に困っていたとき、舞台劇を映画化した名作「王将」を誕生させた。この作品は実在した将棋界の奇才・坂田三吉を北条秀司が戯曲化したもので、新国劇で人気を博していた。これに伊藤が目を付け、阪妻をイメージして自分で脚本を書き映画化した。

物語は、大阪・天王寺の崖下長屋で草履作りをし、その日暮らしをしている坂田三吉（阪東妻三郎）が、東京の花形棋士の関根名人（滝沢修）に血を吐く努力の末、勝つまでの三吉と家族の物語である。この作品、一九四八（昭和二三）年一〇月一八日に公開され、戦後の貧しい中で、懸命に生きようとしている大衆から圧倒的な支持を受け、映画はヒットした。阪妻は勝負師魂の三吉を見事に演じた。併せて女房・小春の水戸光子、娘・玉江の三条美紀の演技が高い評価を受けた。家族の絆、夫婦愛を描いて阪妻と伊藤大輔監督の代表作となった。

栄光の果てに、アーツ生涯の作品が焼失！

一九四九（昭和二四）年には、土建業一代で財を成した傲慢な父と、個性豊かな六人の子供たちが織り成す家庭喜劇「破れ太鼓」（監督・木下恵介）が公開され阪妻の新しい魅力を引き出し芸域をひろげた。その名演技が賞賛され、作品はその年のキネマ旬報ベスト・テン四位に入った。

事件も有った。一九五二（昭和二七）年七月、松竹下賀茂撮影所のフィルム倉庫が爆発、保管されていた大正一二年以降のフィルム約五千キロとともに、阪妻の殆どの作品が焼失した。

日頃から身体の弱かった阪妻は、高血圧から健康を崩し、一九五二（昭和二七）年の「王将一代」「人肌剣法」などが製作中止になった。翌年の、一九五三（昭和二八）年七月「あばれ獅子」撮影中に倒れ、七月七日脳膜出血のため逝去。五一歳だった。

葬儀は松竹京都撮影所で関西映画人葬として行われた。墓所は嵯峨野の二尊寺である。

「時代が阪妻を求め、演じきった」父を語る

後年、俳優の田村高廣が父・阪東妻三郎のことを書いている。阪妻の映画姿勢と活躍した時代が分るので紹介しておきたい。

「家の袋戸棚の奥の方に、古ぼけた風呂敷包みが一ツ忘れたようにポツンとあった。何気なくその包みを開けてみた。かなり古めかしい本が数冊出てきた。皆、反体制、プロレタリア文学の本だった。（略）父は一体何時の頃からあの類の本を読んでいたのだろうか。支那事変（一九三七年）から大東亜戦争が終わる（一九四五年）迄の軍国主義体制一色の時代、あの反体制文学の本（略）を読んでいたのだろう。以降は、ずっと後になって考えたことだが、大正末期から昭和初期、日本経済恐慌の時代、これら反体制、プロレタリア文学は大きな勢力に育っていた。加えて「蟹工船」「不在地主」等を著した小林多喜二は、父より二才年下、同世代の人。丁度その時期、〈阪妻プロダクション〉はこの時流に合わせるように「雄呂血」等、体制の理不尽な仕打ちに虐げられた下級武士の「悲哀と忍耐と憤怒」を主題にした反体制映画を次々と世に送りだしている。

これらの映画の誕生が、彼の文学群と全く無縁だったとは考えにくい。当時父は、思想的にとはいわないまでも、心情的に、かなりプロレタリアートの境遇と運動に心を惹かれていたのだろう。そして、父の中にかねてより潜在していた「人間平等」というヒューマニズムが、反体制文学の台頭という起爆剤を得て、父をして反体制映画の製作に立ちあがらせた。私はそう考える。（略）

父は幼少時に丁稚奉公に出され、身分の上下に悩まされ、梨園の名家に修行に上がったが、その排他的な制度と、差別的扱いに耐えられず出奔。そういう暗い過去を持つ男が、二〇歳代、血気盛んな年齢に達したとき、無産階級の世界と、その世界に生きることをよぎなくされた人々の情念を刻み込んだ文章に出逢えば、その世界の人々に心惹かれて、共感に浸るのは自然な成り行き、と私には思える。

だとすれば〈阪妻プロダクション〉は当時、無産階級へ向けられた共感と哀感が父の深層に滲みこみ、伏流し続け、やがて年を経て、地下水のように湧き出てきて、それが、悲しい生い立ちを経験した〈無法松〉コト人力車夫・富島松五郎。都会の片隅、どぶ板長屋に細々と生きる将棋指し・坂田三吉。そして〈破れ太鼓〉コト津田軍平の土方の下っ端時代等々、陽の当たらぬ場所で懸命に生きようとする男達を演じるときの、心理的な支えになっていたのではないだろうか。「無法松の一生」「王将」「破れ太鼓」。これら刀を持たない阪妻の代表作は、父のこのような心の行脚、遍歴の末に誕生したと、私は考える」（「剣戟王阪妻の素顔」田村高廣著　ワイズ出版）。

この一文は阪妻の活躍した時代背景や、出演作品の傾向をよく言い当てて興味深い。

「阪妻画報」は毎月発行され人気が有った
(昭和5年3月号)

阪妻は一九二三（大正一二）年に映画デビューしてから亡くなるまで、三〇年間の俳優人生であったが、無声映画からトーキー映画へ、更に二つの戦争を経験し、戦中・戦後と近代映画の黄金期を歩んで来た。俳優、監督、プロダクション主幹、撮影所経営、外国映画と提携するなど、手を出していないのは劇場経営だけで、日本映画を代表する大スターの生きざまは壮絶だった。やるもの、なすもの桁違いで、剣戟王、演技派俳優として日本映画史にその名を残した。ある評論家は「阪妻の熱狂的な人気は、現在の若い人たちに、いくら説明しても解って貰えないのが残念でもある」と、その死を惜しんだ。

〈阪東妻三郎と同世代で活躍した俳優〉鈴木伝明、坂本武、大河内傅次郎、月形龍之介、羅門光三郎、岡譲二、斎藤達夫、岡田時彦、片岡千恵蔵、嵐寛寿郎、杉狂児、市川右太衛門、古川緑波、山本礼三郎、榎本健一、中野英治、小杉勇、長谷川一夫、河津清三郎、梅村蓉子、マキノ輝子、伏見直江、森静子、夏川静江、三益愛子、田中絹代、入江たか子、桑野道子、川崎弘子、山田五十鈴、轟夕起子、三宅邦子、他。

三船敏郎　世界を駆けたサムライ

★プロローグ　映画黄金期からテレビの時代へ（昭和中期・二一〜四〇年）

敗戦国日本をGHQ（連合国軍最高司令官総司令部）が占領し統治した。GHQとともに映画が「風と共に去りぬ」や、ジャズなどのアメリカ文化も流入した。住まいを失った国民が食料を求めて闇市に群がっていたとき、映画「そよかぜ」でリンゴの唄が流行り、強い男（三船敏郎）が現れたので、大衆は彼の動きに一喜一憂した。しかし、その俳優人生は、生きて来た社会と同じく波乱万丈であった。

戦後日本の復興に伴い、大手映画会社も誕生した。一九四七（昭和二二）年新東宝㈱が、一九五一（昭和二六）年東映㈱、そして一九五三（昭和二八）年日活㈱が製作へ復活した。一九五六（昭和三一）年、「経済白書」が日本経済は復興し、「もはや戦後ではない」と記した。映画も大衆娯楽の王様として一九五八（昭和三三）年には黄金期を迎え、観客数も一一億二、七四五万人。映画館数七、〇六七館と絶頂だった。後年は、映画もカラー化され、更にワイド画面になり、七〇ミリや立体映画まで登場した。

映画絶頂の一九五九（昭和三四）年、皇太子殿下と正田美智子さんの御成婚以降、テレビが家庭に普及し、映画は山頂から転げ落ちるように急速に斜陽化が進んだ。こうした時代に三船敏郎はデビューし活躍した。三船敏郎は戦後日本映画の歩みをそのまま体現した俳優である。焼け跡の中から、目をギラギラさせて登場した。

世界中を魅了した日本のミフネ

三船敏郎は一九二〇（大正九）年四月一日、中国・山東省青島で父・徳蔵と母・センの長男として生まれた。一歳違いの弟と四歳違いの妹がいる。父はカメラ店を営んでいた。

一九四〇（昭和一五）年二〇歳のとき、徴兵で軍隊入り。三船は写真の知識があるので軍隊では航空写真を扱った。一九四五（昭和二〇）年八月終戦。敗戦の報は、熊本県にあった特攻隊基地、隅庄飛行場・飛行第百十戦隊で聞いた。

故郷の青島は中国領土になり、すでに両親も死亡。弟と妹も行方不明だった。生きるためにカメラの技術を生かそうと、軍隊時代の先輩、大山年治を頼って上京、大山の推薦で東宝撮影所にカメラ助手として履歴書を出した。ところが撮影部に空きが無かった。そこで大山から頼まれた撮影部の山田係長とキャメラマンの三浦光雄が、欠員が出たとき引き取るからと、俳優採用審査主査・山本嘉次郎監督に頼み、書類が俳優志願へと回された。

三船が試験を受けた一九四六（昭和二一）年は、「第一次東宝争議」の真っただ中だったが、会社は第一期ニューフェイス募集を大々的に行った。

三船は俳優面接では審査員に「笑ってみてください」と言われ、俳優になる気がないので「面白くも無いのに笑えない」と言ったり、およそ試験官をナメたような態度で、その振る舞いはほとんど無礼に近かった。審査員の質問にはロクに答えもせず、唇を真一文字ひきしめて、時々、ギロッ、ギロッと審査員を睨めつけ、全くとりつくしまもなかった。

その面構えから、喧嘩が強いだろうと、聞かれた三船は「四、五人までなら なんてことはない」と答えた。結果、「性格に穏便さを欠く」という理由で不採用になった。

ところが、このとき、面接会場に高峰秀子（二八歳）がいた。そのときの様子を自著「わたしの渡世日記」に書いている。「濃い眉毛の下の鋭い眼光、ソギ落としたような頬の線、日本人ばなれのした精悍な肢体には審査員一同を圧倒するような迫力があった」と。

高峰はこの三船の存在感に胸の高まりを感じ、「わが青春に悔いなし」（主演・原節子）の撮影中で審査に参加出来なかった黒澤明監督（三六歳）に、この事を知らせた。駆けつけた黒澤も三船を見て、ただならぬ雰囲気を感じ、審査主査だった山本嘉次郎監督に直訴。黒澤の意見が聞き入れられ、三船は補欠で採用された。このときの応募者は約四千人。男一六人、女三二人が東宝第一期ニューフェイスとして採用された。

この年、天皇が現人神《あらひとがみ》から人間宣言し、ＧＨＱの占領下で日本の復興が本格的に始まった年である。

デビュー作「銀嶺の果て」で存在感を示す

三船のデビュー作は、一九四七（昭和二二）年八月公開の「銀嶺の果て」（監督・谷口千吉）である。谷口千吉監督（後に女優・八千草薫の夫）はこの作品で野性的な俳優を探していた。たまたま撮影所までの同じ小田急電車に乗り合わせた三船をみて出演を依頼した。

しかし、三船は撮影部のカメラマン志望である。「俳優にはならない、男のくせに面《つら》で飯食うのは好きでない」と断った。撮影所の演技課からも「あいつは不良みたいなやつですが、いいんですか」と念を押される始末だった。そのとき谷口は三船が着ていた航空隊の制服をみて、背広を作ってやると口説き落とした。

監督の熱意に押されて出演した三船は、雪山で遭難する三人の一人として好演した。主役は後に父親の様に慕う志村喬（四二歳）だった。またこの作品は谷口千吉監督（三五歳）のデビュー作で黒澤明は、同じ山本嘉次郎門下の谷口のために脚本を書いていた。
このとき東宝は争議中で大物スターがゴッソリ辞めて行ったので、三船のような新人起用をせざるを得ない事情も有った。そういう意味で三船はラッキーなデビューだったといえる。

デビュー作「銀嶺の果て」（東宝・昭和22年）
右から志村喬、三船敏郎、小杉義男

黒澤はこの作品で自分が感じていた三船のたぐいまれな才能を確信する事になった。翌年の、一九四八（昭和二三）年、黒澤明と組んだ「酔いどれ天使」で、破滅的なヤクザ役で登場し衝撃を与えた。作品はこの年のキネマ旬報一位に輝き、三船はスターダムにのし上がる。以後黒澤作品が続く。

☆「銀嶺の果て」を公開した昭和二二年は、学校が六・三・三制になり給食も始まった。戦争孤児が一二万以上にのぼり餓死者も多かった。通称パンパンが客引きでガード下にたむろし、映画は「安城家の舞踏会」「戦争と平和」「肉体の門」が大ヒット。「額

縁ショウ」などのストリップショーが盛んだった。日本初のロードショー劇場「スバル座」が東京に誕生した。歌は菊池章子の「星の流れに」、岡晴夫の「啼くな小鳩よ」などが流行っていた。

世界の扉を開いた「羅生門」

三船敏郎を世界に知らしめたのは、「羅生門」（監督・黒澤明）である。羅生門は一九五〇（昭和二五）年八月二六日公開された。戦乱や天変地異、疫病が続く平安の世を舞台に、武士の殺害の状況を証言する関係者の陳辺の食い違いが、人間のエゴを暴き出していく。芥川龍之介「藪の中」の小説を橋本忍が脚色。これを黒澤が手直し、東宝が争議中で撮れなかったので、大映へ持ち込み撮影した。

「羅生門」（大映・昭和25年）
右から京マチ子、三船敏郎

ところが、「羅生門」の完成試写を見た、大映・永田雅一社長は「この映画は訳がわからん」と憤慨し途中で席を立ってしまった。映画は難解な内容がかえってインテリ層に受け、全国的にも水準以上の興行成績をあげた。公開した翌年、「羅生門」はベネチア国際映画祭へ出品。グランプリ（金獅子賞）を受賞して、黒澤明や日本映画が世界に紹介されるきっかけとなった。その後も、アカデミー賞特別賞（最優秀外国映画）、同賞白黒美術監督賞ノミネート・セット賞になった。

この「羅生門」の受賞は、当時の日本がまだGHQの占領下にあり、国際的な自信を全く失っていた時だけに、現在では想像も出来ない程に、国民に希望と勇気を与えた。まして、日本映画界低迷の時期であっただけに、奈落の底で珠玉の宝石が燦然《さんぜん》と輝いたといえようか…。

日本初のカラー映画登場！

三船の「羅生門」がベネチア国際映画祭でグランプリ（金獅子賞）を受賞し話題になっていた年、映画界ではもう一つ大きな出来事があった。それは、木下恵介監督（三九歳）と高峰秀子（二七歳）が初めて組んだ、わが国初の総天然色映画「カルメン故郷に帰る」が完成し、一九五一（昭和二六）年三月二一日公開されたことだ。

これは日本映画成長期における大きな出来事だった。富士フィルムが日本映画監督協会にカラー映画作りを提案、協会はそれを松竹に持ち込み、製作にこぎつけた。

当時のフィルムは感度が極端に低く、光源は白黒フィルムの四倍を必要とした。そのため、照明で冷房のない真夏のスタジオは極暑に見舞われ、出演者は地獄のような現場を体験した。

巨大なライトをいくつも照らされた高峰秀子は、ヘアオイルが高熱で熱せられ、頭から煙が立ちのぼったこともあった。まさに最初のカラー映画作りは壮大な実験であり、万が一の失敗を恐れた松竹はモノクロ版も同時に製作していた。

過激だった撮影現場を高峰は自著「わたしの渡世日記」でこう書いた。「木下恵介もいいけど、こりゃ生命がけの仕事になりそうだ」、「この映画で、私は殺されてしまうのではないかしら」と。この「カルメン故郷に帰る」は松竹映画の三〇周年記念作品でもありヒットした。外国映画が段々とカラー化して行く中で、日本映画もこれに追いつけ追い越せとばかりに、満を持してこの一作を作り上げた。一時は売り上げが最下降をたどっていた映画興行も、いくぶん上向きの兆しが見え始めていたときだった。

「カルメン故郷に帰る」(松竹・昭和26年)
右から高峰秀子、小林トシ子

黒澤明監督とのコンビが続く

三船は黒澤明とのコンビが続き、「白痴」(一九五一年)、「七人の侍」(一九五四年)、「生きものの記録」(一九五五年)、「蜘蛛巣城」(一九五七年)、「隠し砦の三悪人」(一九五八年)、「悪い奴ほどよく眠る」（一九六〇年）、「用心棒」（一九六一年）、「椿三十郎」（一九六二年）などで「世界のミフネ」となり日本映画界を牽引していく。

一九六三（昭和三八）年三月公開した「天国と地獄」を撮っていた頃は、日本映画が極端に疲弊していた。松竹のホームドラマ調が嫌われ、興行成績ベスト・テンには五年間、松竹作品が無かったし、東映時代劇も消えた。日活のアクション路線も不発で、映画会社は新しい鉱脈を模索していた。鉱脈を掘り当てたのが東映で、テレビで放送しない不良性感度の映画を作り出した。やくざ映画である。その第一作「人生劇場　飛車角」（監督・沢島忠）が当たり、以降、東映はやくざ映画を量産していく。

三船の黒澤作品は、一九六五（昭和四〇）年四月公開の「赤ひげ」で終わっている。三船が黒澤作品に出演したのは一六本。全てが日本映画史上に残る名作ばかりである。

「三船無くして黒澤なし」と言われるほど三船は黒澤作品には欠かせない存在で、コンビは一七年間も続いた。現代劇、時代劇を問わない黒澤映画の顔だった。

現場や俳優にうるさい黒澤が「三船に演技の注文をつけたことは一度も無く、およそ批判的な目で見ることは無かった」という。時代の流れとはいえ、このコンビの作品が無くなった事で、映画界での、黒澤明監督、三船敏郎の運命が劇的に変わることになった。

映画会社へ黒澤明の憤慨！

日本映画の斜陽化が止まらない時、黒澤明監督が珍しく映画会社と業界へ憤懣をぶちまけた記事がある。まったく的《まと》を得た発言なので記しておきたい。

「東宝の重役の一人が、今の助監督には昔の助監督のように覇気がない、と私に泣言を云った事がある。覇気のある連中を追い出した（注・東宝争議のとき）のは、貴方達ですよ、私が云うと、その重役は渋い顔をして、あの連中は改心せんかね、と云った。冗談じゃない、改心するのは貴方達でしょう、と私は思わず大きな声を出した。

「七人の侍」(東宝・昭和29年)
野武士との合戦シーン、弓矢を放つ志村喬

この頃から、徐々に、日本映画の崩壊が始まったのである。どんな企業でも、人を育て、その新しい血で鋭気を取り戻さない限り、老化現象を起こして衰退するのは自明の理だ。日本の映画界ぐらい、同じ首脳部が居据わっている企業は無い。

人が育たなかったら居据わっているのか、居据わっているから人を育てなかったのか。どっちにしろ、人を育てなかった責任は、頬かぶりしてしてすますわけにはゆかない。それに、映画会社は、人を育てるのを怠っているばかりでなく、映画製作の機材についても、新しい科学を導入する意欲がない。

今日、映画の斜陽化は世界的な現象のように云われているが、その中で、アメリカ映画が隆盛を取り戻しつつある理由は何か。アメリカ映画のバック・ボーンにはアメリカ映画科学アカデミーという組織があり、映画は科学と密接に結び付いた芸術である、という確固たる認識の上に立っているからだ。

テレビという新興勢力と戦うためには、映画もまたテレビに負けぬ科学的な武装が必要である。テレビの機材の科学的な新しさに対して、映画がその機材の古さを改めない限り、映画の独自性も守り切れないであろう。

元来、映画とテレビは、よく似ているだけで、根本的には全く違うものなのだ。テレビを映画の敵だという考えは、薄弱な映画精神の所産に過ぎない。

映画は、ただ、映画芸術科学の道を前進すればいいのである。映画が斜陽になったのを、テレビのせいにするのはお門違いだ。映画が兎のように昼寝をして、テレビという亀に追い越されただけだ。その上、映画はテレビの真似をして、テレビ映画のような映画を作り始めた。高い入場料を払って、テレビ映画を映画館に見に来る物好きは少ない。」(「蝦蟇の油・自伝のようなもの」黒澤明著　岩波書店)

私財を投じて撮影所建設

長く続く不況打開のため経費削減を考えた東宝は、一九六二(昭和三七)年、三船敏郎(四二歳)へ「仕事を回すからプロダクションを作らないか」と相談を持ち込んだ。この話を聞いた黒澤明は三船が会社経営する事には反対だった。「三船君のあの性格で、社長は無理だろう。気を遣う人間が増えて、神経をやられるだけだ」と語り、谷口千吉監督も「正直言わせてもらうと、僕も反対だよ。三船ちゃんはのんびりして、このまま歳を重ね、ある時期がきたらシブくて味のあるふけ役をやってほしい」と願った。三船敏郎の存在感は俳優だからこそ他を圧倒するものがあることを二人は熟知し、性格を見抜いていたのだ。

しかし、三船は日本映画の危機を感じていたので、映画産業再興のためと、この年の七月、三船プロダクションを設立した。会社は東宝の重役・森岩雄、藤本真澄、川喜多長政を取締役に、運営にプロデューサーの田中友幸を招き、三船プロは東宝のスタッフ四〇人近くと俳優を抱えて出発した。

三船プロ製作の第一作は宝塚映画と提携した、一九六三(昭和三八)年四月公開の「五十万人の遺産」(監督・主演・三船敏郎)である。三船は自ら監督し主演した。黒澤明も編集に協力したが、作品内容や興行成績も悪く失敗だった。このとき、三船プロではまだ自社の撮影所は持っていなかった。以後、岡本喜八監督で「侍」「血と砂」を製作。東宝の支援も有り興行成績も順調だった。

その後、三船プロは、一九六六（昭和四一）年、東京都世田谷区成城に時代劇が撮影できる撮影所を建設した。組織を拡大し、映画製作、企画社員を雇い、撮影スタッフも増強していく。

時代も三船の後押しをした。テレビの普及が八五％まで達したのだ。昭和三〇年代の市民が欲しい三種の神器は冷蔵庫、テレビ、洗濯機だったが、昭和四〇年代に入ると、三C時代と呼ばれ、自動車、カラーテレビ、ルームクーラーが人気となった。

国民は、経済発展と共に生活スタイルも変化させ、レジャーも郊外型の旅行へと変わっていった。こうした社会背景もあり、映画の斜陽は止まらず、なんとか耐えていたのは東映と東宝だけで、東映は鶴田浩二、高倉健のやくざ映画が当たり、東宝では森繁久彌の社長シリーズ、植木等の無責任男シリーズ、加山雄三の若大将シリーズが人気を集めた。

五社協定の壁を破った「黒部の太陽」

三船プロで、一九六七（昭和四二）年事件が起きた。石原裕次郎（三三歳）の石原プロと共同製作することになった「黒部の太陽」（監督・熊井啓）が、日活から五社協定に反するとクレームが付いたのだ。この「黒部の太陽」は、関西電力が五百十三億円の資金と、延べ一千万人の作業員を投入し、六年十一か月の歳月をかけて完成させた黒部第四ダムの建設記録である。

「黒部の太陽」(三船プロ、石原プロ・昭和42年)右から石原裕次郎、三船敏郎

石原裕次郎から持ち込まれた、この企画を熊井啓が引き受け、三船プロが製作することになった。それを知った日活は熊井啓に「作品の監督を降りるよう申し渡した」。当時の熊井は日活専属である。

しかし、この作品に意欲を燃やしていた熊井は拒否。日活は熊井が会社に楯突いたと怒り、熊井に書留速達で懲戒解雇の通知を送ってきた。このとき石原は日活、三船は東宝とそれぞれ専属契約を結んでいたので、この二人も五社協定違反とされた。日活の堀久作社長は更に、日活は元より、他の邦画四社も「黒部の太陽」は配給(上映)しないと、新聞記者に公言した。

「黒部の太陽」は五社のあらゆる部署で拒否され、製作中止までにも追い込まれた。その悔しさで、リビングで「ちくしょう、ちくしょう」と、男泣きしているプロデューサーの石原裕次郎を、三枝夫人は陰からみていた。裕さんの泣いた姿を初めて見たと語っている。だからこの作品には二谷英明以外日活、東宝所属の俳優は一人も出演していない。

この苦境を救ったのが劇団民藝の宇野重吉である。民藝の樫山文枝、日色ともゑ、大滝秀治、滝沢修、北林谷栄などの俳優や、撮影部などの全ての面で協力した。

三船と石原は徹底抗戦した。三船はフィルムを担いでアメリカでも東南アジアでも、売り歩くと覚悟した。二人の映画に掛ける情熱に感動した関西電力は、百万枚の前売り券の購入を約束して製作の後押しをした。早速、三船は日活・堀社長に「関西電力が百万枚の前売り券を保証した。映画の配給は日活ということで、どうか」と直談判した。

経営難の日活はこの話に態度を急変し、飛びついた。これで「黒部の太陽」はロードショーを三船の所属する東宝系で、一般公開は裕次郎の所属する日活系で上映されることになった。数多くの困難にもめげず完成した「黒部の太陽」は、上映されるや大反響を呼び、一九六八（昭和四三）年度の配給収入ベスト・テン一位に輝いた。観客動員七百三三万七千人。配給収入七億六千百一一万円を売り上げ日本新記録を樹立した。

この作品で強固に守られていた五社協定が実質上破られた。邦画各社はそれほど衰退していた。この成功で熊井啓の懲戒解雇処分も撤回され、日活は倒産を免れた。

☆「黒部の太陽」を公開した昭和四三年は、全国各地でベトナム戦争反対のデモや集会が行われ、全共闘を中心とした学園紛争が盛んだった。モータリゼーションが進み

国鉄は赤字の八三路線の廃止を決め、ローカルの線切り捨てが始まった。一月にマラソンの円谷幸吉が自殺したのもこの年。漫画の「あしたのジョー」が社会現象になり、川端康成が一〇月にノーベル文学賞を受賞した。一二月には東京府中で白昼堂々、三億円が奪われる事件が起き世間を騒がせた。邦画は「黒部の太陽」「連合艦隊司令長官・山本五十六」「博徒列伝」、洋画は「卒業」「猿の惑星」「続・夕陽のガンマン」がヒット。巷では黛ジュンの「天使の誘惑」が流行った。

三船プロで反乱事件！

三船プロは勢いに乗り、翌年の一九六九（昭和四四）年二月に公開した「風林火山」（監督・稲垣浩）でも東映の佐久間良子を出演させ、五社協定の壁を破っていく。この作品は公開と同時に大ヒット。この年の観客動員一位、配給収入七億二千万円という記録を作った。

しかし、映画界の斜陽は止まらなかった。ついに東宝も一九七二（昭和四七）年には無責任男シリーズや若大将シリーズの映画も当たらず、製作から撤退していく。三船プロは東宝映画の製作中止に伴い撮影所の解雇人員を受け入れ、スタッフがさらに膨らんだ。

順風満帆の三船プロだったが、一九七九（昭和五四）年、また、また事件が起きた。三船プロの経営上の内紛が勃発。専務の田中壽一が、俳優の竜雷太、多岐川裕美、秋野暢子、真行寺君枝、夏圭子、岡田可愛、勝野洋、中野良子や、スタッフを引き連れて半ば強引に独立したのだ。この事件で三船プロの約半数が去った。残ったのは俳優では伊豆肇、夏木陽介、かたせ梨乃、竹下景子、北川美佳など少数派だった。

当時会社は撮影スタジオ三棟を持ち、町並み、川端、長屋などのオープンセットがあり、敷地面積は三、八〇〇坪、社員四〇人、契約スタッフ二〇〇人。年間二〇〇本近くの映画、テレビ作品を受注。CM撮影や俳優のマネージメントも入れて、年商三五憶円を売り上げていた。

しかし、この分裂騒動で三船個人のプライバシーまで攻撃され、過激な報道もあり、三船プロダクションは大打撃を受け衰退していくことになる。

テレビ作品にも積極的に出演

一九八一（昭和五六）年には撮影所内に三船芸術学園を設け、役者や製作スタッフの育成に力を注いだが、内紛騒動で生じた穴を埋めることは出来なかった。

これ以降、三船は規模を縮小して会社を支えたが、時代が許さなかった。国民の意識変化で、テレビから時代劇が消えて行った。そうした事も有り、一九八四（昭和五九）年、「海燕ジョーの奇跡」（監督・藤田敏八）の撮影を最後に、東宝からの支援も無く、一八年間続けていた撮影所を閉鎖する。東京で随一の時代劇が撮れる撮影所だっただけに、関係者から惜しまれた。

確かに三船プロの撮影所はテレビ時代劇の本拠地として貴重だった。一九六七（昭和四二）年の尾上菊五郎主演の「桃太郎侍」（ＮＴＶ）を最初として、林与一主演の「昔三九郎」（ＮＴＶ）、三船がゲスト出演した「五人の野武士」（ＮＴＶ）、一年間の大河ドラマ「大忠臣蔵」（ＮＥＴ・現テレビ朝日）、「荒野の素浪人」（ＮＥＴ・現テレビ朝日）、「荒野の用心棒」（ＮＥＴ・現テレビ朝日）、「大江戸捜査網」（12ｃｈ・現テレビ東京）、「素浪人罷り通る」（ＣＸ）などのシリーズ物を次々と撮っていた。

三船も撮影所を支えるため、自社製作のテレビ作品に積極的に出演した。大物俳優のテレビ出演は当時話題になった。

テレビ番組「荒野の用心棒」
（NET、現・テレビ朝日・昭和48年スタート）

「大忠臣蔵」「荒野の素浪人」「荒野の用心棒」「剣と風と子守歌」などのシリーズ物を含め五〇本以上に出演した。日本映画を支えた三船は、テレビ映画でも功績を残していたので、撮影所閉鎖は本当に残念だったといえる。

人情に厚い三船が会社の中でも「情」を通し、会社経営である「資本の論理」を全うできなかったことが事件を起こし倒産させた。併せて何でも自分でやる性格が、信頼できるブレーンを育てられなかった。大物の落とし穴である。

尚、三船プロが製作した映画は「五十万人の遺産」「侍」「血と砂と」「奇岩城の冒険」「怒涛一万哩」「上意討ち 拝領妻始末」「黒部の太陽」「風林火山」「赤毛」「新選組」「待ち伏せ」「二人だけの朝」「犬笛」等があり、製作協力では「戦国自衛隊」「武士道ブレード」「海燕ジョーの奇跡」などがある。

三船プロの撮影所が閉鎖した翌年の一九八五（昭和六〇）年は、皮肉にも東宝が配給した「ビルマの竪琴」（監督・市川崑）が興行収入ベスト・テン一位、「ゴジラ」（監督・橋本幸治）が二位、「乱」（監督・黒澤明）が三位と当たっていた。東宝は完全に自主製作を中止し、配給会社へ脱皮していた。その変わり様は早かった。

三船敏郎の映画出演条件

三船敏郎は会社を設立した後、映画出演の条件として「三船プロの運営に支障をきたさないこと」「三船プロとして仕事が受けられること」。海外出演については「日本人を茶化さないこと」が付けられた。

こうした条件が付くと、一～二年位は拘束する黒澤作品の出演はほとんど不可能だった。三船は黒澤作品に出られなかった大きな理由は、ここに有るのではないかと推察される。巷間、噂する黒澤との不仲説は無かった。何故なら、一九七五（昭和五〇）年公開の「デルス・ウザーラ」（監督・黒澤明）では、三船がわざわざモスクワへ飛び、製作会社モス・フイルムと会っている。黒澤監督も「彼が経営者になってしまったことで困難になった」と答えている。一九八〇（昭和五五）年公開の「影武者」では黒澤監督が三船敏郎をイメージして脚本を書いていた。この両作品とも三船は自社製作の作品とスケジュールが重なり出演できなかった。併せて一本のギャラで二年も拘束される環境が、このときの三船には無かった。その間、他の作品で会社に貢献できたからである。一方、黒澤作品の高額な製作費が、三船が出演する事でさらに膨らみ、国内市場だけで原価回収出来ない裏事情もあった。日本映画の衰退が、この二人のコンビ作品を作れなくしたともいえる。

海外作品のオファーが殺到

日本映画史の中で三船敏郎を語る時、どうしても忘れられないのは、日本映画を世界に紹介し、自らも海外作品に多く出演したことである。こうした俳優は日本映画界では現在、過去、一人もいない。

三船を世界に知らしめたのは、一九五〇（昭和二五）年、「羅生門」が、ベネチア国際映画祭でグランプリ（金獅子賞）を取ってからと、一九五四（昭和二九）年公開の「七人の侍」。

一九六一（昭和三六）年公開の「用心棒」からである。三船敏郎は世界中から注目され、日本が誇る国際スターのみならず「国際映画人」「世界のミフネ」として世界中の映画関係者に影響を与え、愛され尊敬された。

三船はこの作品以降、海外からの出演依頼が殺到した。しかし自分の撮影所を構えてから経営と自社出演を優先していたので断ることが多かった。晩年になっても海外からの台本や書類が、一年で段ボール箱が一杯になるほど殺到したと云う。

「価値ある男」
（メキシコ映画・昭和36年）

海外の出演第一作は、一九六一（昭和三六）年一一月公開の、メキシコ映画「価値ある男」（監督・イスマエル・ロドリゲス）である。三船の役はメキシコ人役で主役。撮影前に台詞をスペイン語で全部覚えて撮影に臨んだが、ネイティブによる吹替えが使われた。しかし映像のなかで、難しいメキシコのフラダンスを踊るシーンは吹き替えを使わず自ら舞った。この作品は世界でも話題になり米国アカデミー賞外国語映画賞にノミネートされた。

これ以降、三船が外国映画に出演する事を知った世界の監督からオファーが切れることがなかった。

海外作品の第二作は一九六七（昭和四二）年二月公開の「グランプリ」（監督・ジョン・フ

ランケンハイマー、主演・イブ・モンタン、ジェームズ・ガーナー）である。このとき、東宝のロサンゼルス支局の渡辺毅に、プロデューサー、エドワルド・ルイスから三船のギャラの相談があった。当時、東宝での出演料は一本六〇〇万円だったが、これでは安いと判断し三〇万ドル（当時のレートで一億八〇〇万円）とふっかけた。ところが、それを相手がスンナリ承知。これ以降、外国映画の三船のギャラはこれが基準となったと云う。

この「グランプリ」は、米国アカデミー賞編集賞、音楽賞、音響効果編集賞を受賞し、作品は日本でもヒットした。以下海外作品は「太平洋の地獄」「レッド・サン」「ミッドウエイ」「太陽にかける橋／ペーパー・タイガー」「大統領の堕ちた日」「１９４１」などがあり、テレビでは「将軍　ＳＨＯＧＵＮ」がある。

元・三船プロの専務だった田中壽一が海外でのエピソードを語っている。「映画や企画の打ち合わせがあって、外国へ行ったとき、私は三船さんと一緒にいてなんども身震いしました。例えば、シャルル・ド・ゴール空港（フランス）の税関で、周囲の人たちが三船さんを見つけたときに「トシロー」「トシロー」と呼ぶんですね。地鳴りのような声に包まれて、心から感激しました。ああ、この人と仕事ができて幸せだなぁ、と思ったの覚えています。入国審査はもちろん、フリーパスです」（「サムライ　評伝三船敏郎」松田美智子著　文春文庫）

燦然と輝く主演作品

三船敏郎は日本映画史上、海外作品のオファーが一番多い俳優として記録されている。日本映画は一九五八（昭和三三）年以降、斜陽化が止まらず、凋落していった時期で、昭和の全盛期に映画を製作していた大手六社の、新東宝が一九六一（昭和三六）年倒産。東宝も一九七二（昭和四七）年に早々と自主製作から撤退。大映が一九八五（昭和六〇）年倒産、日活が一九九三（平成五）年倒産と続いた。

三船はそんな日本映画界の現況を嘆いた。日本映画の絶頂期からどん底の斜陽期までの栄枯盛衰を体験した大スターであった。日本映画の素晴らしさを海外に紹介し、自らも出演。日本映画の斜陽期には撮影所を開設し、テレビ映画を製作。俳優としても一七〇本以上の映画に出演し、海外作品にも一四本出演した世界のミフネだった。

「日本のいちばん長い日」広告（東宝・昭和42年）

黒澤作品を除く主な主演作は、「銀嶺の果て」「ジャコ萬と鉄」「馬喰一代」「西鶴

一代女」「宮本武蔵」「柳生武芸帳」「無法松の一生」「日本誕生」「侍」「五十万人の遺産」「上意打ち　拝領妻始末」「日本のいちばん長い日」「黒部の太陽」「風林火山」「連合艦隊司令長官・山本五十六」「日本海大海戦　海ゆかば」「千利休　本覺坊遺文」などがある。

世界のミフネ死す。黒澤明監督の弔辞

その三船も、一九九七（平成九）年一二月二四日、東京都内の病院で全機能不全で七七歳の生涯を閉じた。三船が亡くなったニュースは世界を駆け巡った。日本では各紙がトップ記事で流し、テレビは特番を組んで放送した。フランスやイタリアの国営放送でもトップニュースで報じ、アメリカのニューヨークタイムズは「傍若無人、でも知恵者の貧乏侍」で、世界に知られた三船敏郎が亡くなったと報じた。タイム誌も三船の死を大きく取り上げるなど、外国報道機関もニュースを本国へ送った。日本の一俳優の死をこうして、世界中に大々的に報じた例は過去にはなかった。

生前の意向で葬儀は執り行なわれなかったが、一か月後の一月二四日に三船プロ、黒澤プロ、東宝の合同葬という形で、東京青山葬儀所でお別れの会が営まれた。参加者は映画界、芸能界、政官界などから一、八〇〇人が参列し、フランス大統領はじめ世界各国のスター、著名人から弔電が寄せられた。

その中で、黒澤久雄が毛筆で書かれた父・黒澤明の弔辞を読み上げた。その弔辞は参列者の涙を誘った。三船敏郎と黒澤明の友情が伺える一文である。

「三船君、今日は君の葬式だというのに、僕はそこへ行けない、ということを、まず、謝ります。いまだに足の具合が悪くて、表に出られないのです。僕もこんな辛い思いをしたことは今までありません。三船君、君と最後に会ったのは、本多猪四郎君の葬式（一九九三年二月）の時だったと思う。君の体調が良くないと聞いていたので、そこで会うとは思わなかった。顔色も勝れず、痩せていたので、「大丈夫か」と言うと、「ええ、大丈夫です」と笑って胸をそらせて見せたのが、君を見た最後の姿だ。

「用心棒」（東宝・昭和36年）
右から東野英治郎、仲代達矢、加藤大介、三船敏郎

　そう考えると、ずい分、長い間、会っていないことになる。僕が三船君のことを思う時、君は「酔いどれ天使」の松永だったり、「七人の侍」の菊千代だったり、「用心棒」の三十郎だったりするのだ。彼らはいつまでも僕の中にいきているのです。だから三船君が、この世からいなくなったとはどうしても思えない。昭和二十一年、敗戦直後の日本は、活気に溢れていた。東宝の第一期ニューフェイス試験で、山本嘉次郎さんが、型破りの応募者、三

船敏郎を発見した日のことをよく憶えています。

その後、谷口千吉第一回作品「銀嶺の果て」で三船君はデビューし、翌年、僕の「酔いどれ天使」で主役のやくざを演じました。その時、僕は、今までの日本の俳優に見られなかった、三船君のスピーディな演技にド肝を抜かれました。それでいて、驚くほど繊細な神経と、デリケートな心を持っているので、荒っぽい役でも、単なる粗暴な性格にならないところが魅力でした。とにかく、僕は、三船という役者に惚れこみました。「酔いどれ天使」という作品は、三船というすばらしい個性と格闘することで、僕はやっと、これが俺だ、というものが出来たような気がしています。

もし、三船君に出逢わなかったら、僕のその後の作品は、全く違ったものになっていたでしょう。僕たちは、共に日本映画の、黄金時代を作って来たのです。今、その作品の、ひとつ、ひとつを振り返って見ると、どれも三船君がいなかったなら出来なかったものばかりです。君は本当によく演《や》ったと思う。三船君、どうも、ありがとう！

僕はもう一度、君と飲みながら、そんな話がしたかった。さようなら、三船君。また、会おう。一九九八年一月二十四日　黒澤明」（「サムライ・評伝三船敏郎」松田美智子著　文春文庫）

黒澤明も三船が亡くなった九か月後の平成一〇年九月六日に逝去。八八歳であった。また、三か月後の一二月三〇日、巨匠・木下恵介も他界。ここに映画界の巨星三つが落ちた。以後、映画界は益々勢いがなくなっていく。

三船が生前受けた映画賞は、ブルーリボン賞主演男優賞はじめ、海外での映画賞も多数ある。映画賞以外では、芸術選奨、勲三等瑞宝章、紫綬褒賞、川喜多賞、芸術文化勲章、ロスアンゼルス市名誉市民、カリフォルニア大学ロスアンゼルス校・名誉学位などがある。

さらに二〇一五（平成二七）年にはハリウッドの殿堂入りを果した。日本では早川雪洲、マコ岩松、ゴジラに次いで四番目である。

〈三船敏郎と同世代で活躍した俳優〉志村喬、笠智衆、伴淳三郎、上原謙、佐分利信、佐野周二、森雅之、高田浩吉、、水島道太郎、、山村聰、大友柳太朗、藤田進、森繁久彌、近衛十四郎、池部良、岡田英次、丹波哲郎、木村功、三國連太郎、小林桂樹、鶴田浩二、佐田啓二、菅原謙次、小暮実千代、高峰三枝子、水戸光子、山口淑子（李香蘭）、原節子、花柳小菊、月丘夢路、宮城千賀子、淡路千景、京マチ子、高峰秀子、音羽信子、津島恵子、新珠美千代、八千草薫、久我美子、香川京子、山本富士子、千原しのぶ、有馬稲子、岸恵子、岡田茉莉子、他。

美空ひばり　最も興行力の有った大女優

★プロローグ　娯楽作品で黄金期を支える（昭和中期・二四〜三八年）

三船敏郎と時代が重なる俳優に美空ひばりがいる。しかし、美空ひばりの本業は歌手である。美空ひばりは戦後日本の焼け跡から彗星のように現れ、歌手として絶大な人気を得て晩年は〝歌謡界の女王〟と言われ昭和の顔になった。

美空ひばりは俳優としても日本映画に貢献した。女優として日本映画史をみてもズバ抜けた興行力があった。生涯の出演作は一七〇本。主演作品もダントツに多い。映画の題名に「ひばりの○○」と付いた作品は四七本。日本一である。とにかく題名に「ひばり」が付いているだけで安定して客が入った。出す映画、作る作品が次々に当たった。時代も後押しをした。戦後の大衆娯楽が映画だった時代にデビューし、映画の隆盛と共に美空ひばりも成長した。まさに日本映画の黄金期（昭和二四〜三七年）に君臨した大女優である。

しかし、美空ひばりに芸術作品や秀作は無い。まして映画賞と名の付く賞は一つもない。娯楽作品一途に徹した。ファンもそれを望んだ。そのため映画評論家などの評価は低い。しかし、東京映画記者会が一九六二（昭和三七）年、第一二回ブルーリボン大衆賞を美空ひばりに授与した。その理由が、「映画主演で一三年間大衆に愛され親しまれて来た功績」だった。ひばりが喜んだことは言うまでもない。信念として貫いたことが認められたからだ。

美空ひばりが優れていたのは、歌えて、踊れて、はたまた男装し、派手な立ち回り（殺陣）を演じ、二役や三役にも挑戦、映画の持つ娯楽要素を一人で全て演じたことである。芸事が好きだったので勘も良かった。覚えも早く芝居も上手かった。何をやらせても様になった。

後年、直木賞や菊池寛賞を受賞し、新派や演劇、映画に造詣の深かった小説家で文化功労者の川口松太郎は「これからの演劇界を背負うのは杉村春子、山田五十鈴、この二人亡き後は美空ひばりしかいない」と語ったほど演技力も秀れていた。

美空ひばりが更に凄いのは、中村錦之助（後・萬屋錦之介）、大川橋蔵などをスカウトし、共演し、育てた事である。美空ひばりと共演した男優は人気が出た。それだけひばりの映画がヒットしていた。東千代之介、高倉健、里見浩太朗などはその恩恵に預かった俳優である。

しかし、美空ひばりが映画界で活躍したのは、一二歳から二六歳迄の一四年間である。映画が斜陽になるのを見届けたように、一九六三（昭和三八）年一一月二六日、東映との専属契約を解除。その後は歌と舞台に専念する。

天才少女、一二歳で映画デビュー

美空ひばり（本名・加藤和枝）は一九三七（昭和一二）年五月二九日、横浜市磯子区滝頭の屋根なし市場の「魚店・魚増」で加藤増吉と喜美枝（本名・キミ）の長女として生まれた。歌の好きな子だった。終戦の翌年、横浜杉田劇場で歌手としてデビューした。九歳のときである。

ひばりがデビューした一九四六（昭和二一）年は、戦時下で禁止されていた欧米映画の興行が復活し、アメリカ映画「キュリー夫人」と「春の序曲」の二本が公開された。入場料は邦画の三倍以上の一〇円という高額だったが、外国映画に飢えていた庶民が劇場に殺到した。この年、公開された作品は、ほかに「カサブランカ」「チャップリンの黄金狂時代」などがあった。

日本映画も軍閥政府の正体を暴露したものや、戦時体制を批判した「大曾根家の朝」（監督・

デビュー作「のど自慢狂時代」
（東横映画・昭和24年）
中・美空ひばり、左・花菱アチャコ

木下恵介）、「わが青春に悔いなし」（監督・黒澤明）などが傑作として世に出た。映画は荒廃した風土とインフレの中で大衆の圧倒的支持をうけた。しかし、敵討ちやチャンバラ映画劇はＧＨＱ（連合国軍最高司令官総司令部）から禁止された。

一九四九（昭和二四）年に入り、「青い山脈」（監督・今井正）、「破れ太鼓」（監督・木下恵介）、「野良犬」（監督・黒澤明）といった作品が登場。映画界も活気を呈した。

このとき美空ひばりは、大人の歌を唄い「こまっしゃくれた子供」と言われながらも日本劇場（有楽町）の舞台に立っていた。勿論、自分の持ち歌は無く、スーパー歌手・笠置シヅ子の「東京ブギウギ」「買い物ブギ」を物真似で歌っていたのである。ところが〝歌の上手い子〟がいると言うので映画監督の斎藤寅次郎が「のど自慢狂時代」（東横映画）で使うことになった。出演は花菱アチャコ、清川虹子、並木路子、灰田勝彦である。

この時のエピソードがある。出演が決まったとき、ひばりは買ってもらった白いウサギのオーバーを着て粉雪の降る二月、はじめて二等車に乗って母と二人で京都東横撮影所（現・東映）へ行った。撮影所で待っていた喜劇映画の巨匠・斎藤監督はひばりの歌を聞いたことが無かった。本番前にアカペラで歌って貰うことになった。ひばりは、まず、笠置シヅ子の「ヘイヘイブギ」を身振り手振りで歌いはじめた。

斎藤は、ひばりのブギのうまさに舌をまいた。出演していた清川虹子も驚いた。ひばりは、耳飾りをつけ、指輪まではめ、大人っぽいマセタ服装をしていた。清川はその格好に違和感をいだいた。子供のくせに…と思った。ところがひばりの歌を聴くうち、たちまち違和感が消えていった。マイク無しで歌っているのに、声がのびのび素晴らしかった。笠置シヅ子にそっくりだった。いや、笠置より溌剌《はつらつ》としていて、良い声だった。

ひばりは続いて「セコハン娘」を歌った。聞いていた斎藤は唸《うな》った。「笠置の味と違って、この子の方が哀愁にあふれている…」、横を見ると、スタジオ掃除のおばさんが聞き惚れ涙ぐんでいる。

撮影が始まると、セット中が満員になった。天才的に歌のうまい少女がやって来たという評判が立ち、撮影所中の者がおしかけた。どんな大スターが来ても、セットが満員になったことはなかった。本番でひばりの歌が終わると、セット内は拍手に包まれた。斎藤監督はひばりのまったく物おじしない態度に、すっかり惚れ込み「よし！　これからも、おれの映画に使おう…」と決めこんだ。ひばり一二歳のときである。

これ以降、斎藤監督は美空ひばりを出演させた映画をどんどん撮っていく。ひばりは斎藤監督の指導で映画のイロハを覚えていった。

「のど自慢狂時代」は、一九四九（昭和二四）年三月二八日公開された。内容は一九四六（昭和二一）年一月からＮＨＫラジオで放送していた「のど自慢素人演芸会」（後の「のど自慢」）が大流行りしていたので、これにあやかった映画で、俗に言うＢ級作品である。

「悲しき口笛」がいきなり大ヒット！

美空ひばりの映画歴を見てみると三期に分けられる。デビューした頃の子役時代、所属していた新芸術プロダクションがひばり映画を製作していた時代。ひばりが独立して東映専属になった時代である。

「悲しき口笛」（松竹、昭和24年）
右から原保美、津島恵子、美空ひばり

ひばりは「のど自慢狂時代」の後、斎藤寅次郎監督で「新東京音頭・びっくり五人男」「あきれた娘たち」などを撮っていたが、同年一〇月二四日公開の、出演五作目「悲しき口笛」（松竹、監督・家城巳代治）がいきなり大ヒットになった。

内容は「悲しき口笛」という曲を作って戦地に行った兄（原保美）。しかし終戦になっても戻って来ないので、戦災で孤児になった妹（美空ひばり）が、いろいろな苦難を乗り越えて、その歌を頼りに兄を探す物語である。名匠・家城巳代治監督のデビュー二作目の作品であった。話の骨格、ストーリー展開、演出も優れていた。この作品が当った。映画の挿入歌「悲しき口笛」（作詞・藤浦洸、作曲・万城目正）も八万九千枚と当時としては異例のヒット曲になった。まだ蓄音機も少なかった時代である。

美空ひばり初の主演作だったが、興行的には不安だったので松竹は、当時人気の有った原保美、津島恵子を頭に添えての封切りだった。この作品で美空ひばり人気は一気に沸騰した。

次いで次年度の一九五〇（昭和二五）年には斎藤寅次郎監督が撮った三作「憧れのハワイ航路」（新東宝）、「東京キッド」（松竹）、「とんぼ返り道中」（松竹）がヒットした。特に「東京キッド」が時流を捉えていたのか話題になった。物語は戦争で生き別れになった父子の再会までの物語である。終戦で孤児になった子供たちがガード下で靴磨きをし生計を立てていた時代で、美空ひばりは靴磨きのマリ子役を演じた。

戦災孤児でも明るく生きる美空ひばりの「東京キッド」は子供や大人に勇気を与えた。この映画で美空ひばりは、初めてポスターの配列が一番になった。

映画の挿入歌「東京キッド」も大ヒットした。明るく楽しいリズムが受け、戦後混乱期の日本人に夢と希望を与えた。「キッド」とは「子供、若者」という意味であり、タイトルは「東京の街の子」という意味で使った。歌の歌詞に「チューインガム」、「フランス香水」、「チョコレート」など舶来のものが多く含まれており、戦後間もない当時としては斬新なもので、ひばりはこの年一二本の映画に出演した。

☆「東京キッド」の公開された昭和二五年は、朝鮮戦争が六月二五日に勃発し日本は特需景気に沸いた。「羅生門」（大映）が公開され、時代劇もGHQの統制から徐々に解禁されていった時である。邦画で「宗方姉妹」（松竹）、「自由学校」（大映）が、洋画では「白雪姫」「黒水仙」（英国）がヒットした。巷では渡辺はま子の「桑港（サンフランシスコ）のチャイナ街（タウン）」、山口淑子（李香蘭）の「夜来香（イエライシャン）」が流行り、山本富士子が第一回の「ミス日本」になったのもこの年で、二眼レフのリコーフレックスカメラが爆発的人気を呼んでいた。

どうにも止まらないひばり人気

ひばりは歌手だったので、どこの映画会社へも所属せず活躍できた。一九五一（昭和二六）年になるとひばり人気が益々上昇。映画出演も増えて行った。その中で特筆しておきたいのは、七月一日公開した「鞍馬天狗・角兵衛獅子」（松竹、監督・大曾根辰夫）である。ご存じの通り、鞍馬天狗（原作・大仏次郎）は、一九二七（昭和二）年からの嵐寛寿郎の看板映画である。その作品で子役の杉作少年を美空ひばりが演じることになった。

終戦で時代劇が撮れなかった後に、大映と縁が切れた嵐寛寿郎が松竹で再生を期す大事な作品でもあった。この作品、美空ひばりの人気と相まって嵐寛寿郎の久々の大ヒット作になった。

ひばりのことを嵐寛寿郎が語っている。――「『鞍馬天狗・角兵衛獅子』」はお盆に封切って空前のヒットになった。近藤勇に月形のオッサン（月形龍之介）、杉作が美空ひばり、黒姫の吉兵衛が川田晴久、くわえて鞍馬天狗の生命を狙う女を山田五十鈴、ゆうたら理想の配役です（略）。美空ひばりには魂消《たまげ》た。まあゆうたら子供の流行歌手ですよってな、多くは期待しませんでした。かわゆければよいと、ところがそんなもんやない。ベル（山田五十鈴）さんの扮する女間者《かんじゃ》が天狗の生命を狙うて、逆に救われます。一つの家におりまして、次第に心をひかれていく。杉作が妬きますねん、男やない女の色気出しよる。あの山田五十鈴に対抗しよる。美空ひばり、これがおそろしい。ゆうたらオマセや、これまでの杉作と一味ちごうたんです。第二作『鞍馬の火祭り』、第三作『天狗回状』は、美空ひばり人気でお客さんも倍増や。天性のものですわな、あれは」――（「鞍馬天狗のおじさんは」竹中労著　筑摩書房）

「鞍馬天狗　角兵衛獅子」
（松竹・昭和26年）
右から美空ひばり、嵐寛寿郎

ひばりが出演した「鞍馬天狗」シリーズは全三作。美空ひばりの杉作少年が話題になり、子供たちにも人気者になった。なお、嵐寛寿郎は生涯「鞍馬天狗」シリーズを四二本撮っている。時代劇の名作である。その後、一四人以上の俳優が入れ代わり立ち代わり鞍馬天狗を演じたが、嵐寛寿郎に優る鞍馬天狗は出ていない。

「越後獅子の唄」と角兵衛獅子

ひばりが「鞍馬天狗」で杉作少年を演じる前に、「とんぼ返り道中」（松竹、監督・斎藤寅次郎）で、やはり角兵衛獅子役を演じた。映画は大当たりで、劇中で歌う「越後獅子の唄」（作詞・西條八十、作曲・万城目正）が売れに売れ、美空ひばりの代表曲になった。

一、笛にうかれて　逆立ちすれば
山が見えます　ふるさとの
わたしゃ孤児《みなしご》　街道ぐらし
ながれながれの　越後獅子

二、今日も今日とて　親方さんに
芸がまずいと　叱られて
撥《ばち》でぶたれて　空見上げれば
泣いているよな　昼の月

この角兵衛獅子は越後獅子とも云われ、新潟県西蒲原郡月潟村が発祥の地である。月潟村は毎年洪水に悩まされ田畑からの収入が少なく村全体が困窮していた。そのため冬になると食料

「とんぼ返り道中」
（松竹・昭和25年）
太鼓を打っている美空ひばり

も不足し、娘を売るなどの事件が絶えなかった。子供が四、五歳になると大道芸を教え、七歳以上になると稼ぐため旅芸人として、江戸時代から全国を回り歩いた、信濃川中流部の中之口川岸に住んでいた、農民・角兵衛が獅子舞を考案し教えたことから「角兵衛獅子」と名が付いたという。しかし諸説は色々である。

一九三三（昭和八）年に「児童虐待防止法」が成立し金銭目的の子供による大道芸が禁止になった。これを受けて、月潟村では月潟村→獅子舞→人買いのイメージを払拭しようと、角兵衛獅子の道具や資料の全てを廃棄した。しかしその後、美空ひばりが歌った「越後獅子の唄」や「角兵衛獅子の唄」が大ヒット。映画も「とんぼ返り道中」「鞍馬天狗・角兵衛獅子」が当たり、角兵衛獅子が認知され話題になった。

そのため月潟村では、越後獅子を大道芸として後世に残すべく二〇〇三（平成一五）年六月二一日、廃線となった新潟電鉄線月潟駅横に美空ひばりが歌う「越後獅子の唄」の大きな歌碑を造った。併せて月潟農村環境改善センター内に角兵衛獅子に関する展示館も作った。その中には美空ひばりが角兵衛獅子の少年を演じた「とんぼ返り道中」のロウ人形や写真が今も展示されている。

子役から少女へ成長

美空ひばりをスターダムに押し上げたのは天性の歌唱力もさることながら、場末で歌っていた子供の才能を見抜き、歌手への道を開拓した福島通人（元・横浜国際劇場支配人）の功績が大きい。福島通人は卓越した企画力でひばりのデビューから、マネージャー兼社長として奔走。美空ひばりをスターダムに押し上げた最大の功労者である。この人無くして〝美空ひばり〟は無かった。

その福島が、ひばり母娘と三人でやっていた仕事も忙しくなり、一九五一（昭和二六）年五月、「有限会社新芸術プロダクション」（後に株式会社）を作った。社長・福島通人、取締役・加藤キミ（ひばりの母・喜美枝）、川田晴久、田畑義夫、斎藤寅次郎、児玉清。ひばりが映画で「とんぼ返り道中」「父恋し」「唄まつり ひばり七変化」などが当たっていた年である。

新芸プロダクション設立以降、ひばりは破竹の勢いで躍進する。この年の一一月一日公開の「あの丘超えて」では鶴田浩二と共演し話題を集めた。一九五二（昭和二七）年には興行収入ベスト・テンの中に「ひばり姫初夢道中」（松竹）が二位、「陽気な渡り鳥」（松竹）が五位、「ひばりのサーカス 悲しき小鳩」（松竹）が七位と、三本の映画が入る勢いだった。

勢いのあったこの年、新芸プロが美空ひばりの映画製作に乗り出した。その第一作が一九五二（昭和二七）年一一月二〇日公開した「リンゴ園の少女」（監督・島耕二）で、ひばりが出演していたTBSラジオ放送の連続ドラマの映画化である。このラジオ番組はNHKの「君の名は」と人気を二分するほどの人気があった。

しかし、映画の出来が悪く会社は気に入らなかった。ところがひばり人気だけで客が入った。何より「りんご追分」（作詞・小沢不二夫、作曲・米山正夫）の歌が流行った。後年、名作として歌われるようになった「津軽のふるさと」（作詞・作曲・米山正夫）も、この「リンゴ園の少女」の映画挿入歌である。

新芸プロ製作の二作目は、一九五三（昭和二八）年七月公開の「ひばり捕物帳　唄祭り八百八町」（監督・斎藤寅次郎、共演・北上弥太郎、川田晴久）で、ひばりも一六歳になっていた。

「ひよどり草紙」で中村錦之助と共演

続く新芸プロ製作の第三作は「ひよどり草紙」（松竹　監督・内出好吉）である。この映画でひばりの相手役は新人俳優を抜擢しようと考えた福島通人は、歌舞伎俳優の中村錦之助に白羽の矢を立てた。錦之助と母親の小川ひなさんに映画出演を打診したら迷いに迷っていたが出演を受諾。錦之助は歌舞伎界に戻らない覚悟で映画界に身を投じて来た。この時ひばり一七歳、錦之助二二歳。

これ以降、美空ひばりと中村錦之助の共演作は一一本に上る。晩年まで最も親交を深めた男優で、一時期、二人は結婚を望んでいた。しかし、錦之助の母親・小川ひなさんに反対されオジャンになった経緯がある。錦之助は猛烈なマザコンであった。

後年、東映・岡田茂社長が二人のエピソードを語っている。

「今でも語り草になっているが、錦之助さんと有馬稲子さんが結婚式を大川（東映社長）さんの仲人で銀座東急ホテルでやったときのこと（昭和三六年一一月二七）。ひばりさんがちょうど公演期間中（浅草国際劇場）だった。そのころ僕は東京の撮影所長をしていた。ひばりさんのお母さんの使いが僕を呼びに来た。

「ちょっと、来てください」

「どうしたんですか」

「いまからひばりが披露宴に行く、と言い出している」

「ひばりが行ったってしょうがないじゃないか」。話を聞くと、大きな猫の絵がデザインされている、ものすごい着物を仕立てているというのだ。

「明日のスポーツ新聞の一面になるじゃないの！」

「ひばりちゃん、そんなことダメだよ。やめなよ」と説得したら、バーと泣き出した。

「そんなこと、やめてくれよ。あんた長い人生、まだまだあるじゃないか。錦之助が結婚したぐらいでなんだ」

しかし、あの子は役者を辞めてもいいというぐらい、心底から錦之助さんに惚れていた。錦之助さんは多少逃げ腰だったが。

「だいいち錦之助と結婚したつて、歌舞伎界のおかみさんだぜ。そんなことできるんか。いちいち部屋を回ってな、はい勘三郎先生おはようございます。よろしくお願いします。なんて挨拶してまわることなん出来るんかい」

それでも「ほっといてよ、そんなこと」と強気だった。

ひばりさんが惚れていたことは事実だ。小林旭と結婚したのも、錦之助さんに対して自分はスターと結婚したいという意地の部分が大きかったと思う。そんな惚れてもいない男性と、意地で結婚してもうまくいくはずがない。

晩年でも、錦之助さんの話をすると顔がさっと赤くなっていたくらいだ。美空ひばりさんの最期には、錦之助さんはその亡骸《なきがら》を抱えて病院から出た。よくぞマスコミに写真に撮られずに出来たと思う。(「波乱万丈の映画人生」岡田茂著　角川書店)。このときひばり二四歳である。

「唄しぐれ　おしどり若衆」
(東映・昭和29年)
右から美空ひばり、中村錦之助。
錦之助デビュー2作目

錦之助はデビューして、ひばりの所属会社に入り、新東宝で「花吹雪御存じ七人男」を一本撮った。同年、東映と専属契約。東映で出演した第一作目の「新諸国物語　笛吹童子」がいきなり大ヒットし、スターダムに駆け上った。以後、東千代之介や大川橋蔵らと「時代劇の東映」の看板スターとなり、日本映画界の全盛期を支えた。「一心太助」シリーズ、「宮本武蔵」シリーズは当たり役となり、特に宮本武蔵役はライフワークとなった。その明るく、気さくで豪快な性格から俳優仲間や裏方のスタッフなど、多くの人たちから「錦兄ィ《きんにい》」「錦ちゃん」と慕われ、親しまれた。

映画は娯楽の王様だった

一九五四（昭和二九）年のひばり作品は「ひよどり草紙」（松竹）、「伊豆の踊子」（松竹）「唄しぐれ　おしどり若衆」（東映）、「びっくり五十三次」（松竹）、「七変化狸御殿」（松竹）などを撮っていたが、その中でも特筆しておきたいのは、この年一一月一日公開の、新芸プロ製作第四作「歌ごよみ　お夏清十郎」（新東宝、監督・冬島泰三）である。

この作品で市川雷蔵と共演した。米問屋の気丈なお夏（ひばり）と手代・清十郎（市川雷蔵）との恋物語である。この年、市川雷蔵は大映に入社した。他社のひばりと共演したのは、顔を売るためで大映としても特例であった。この作品は雷蔵の生涯で只一本の他社出演である。こ

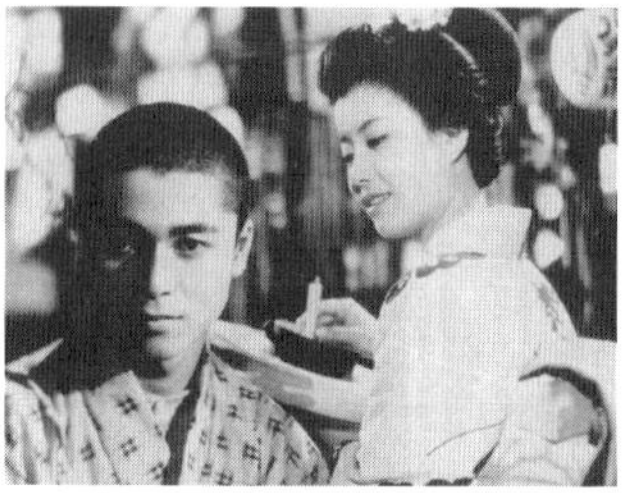

「たけくらべ」(新芸プロ・昭和30年)
右から美空ひばり、北原隆。
劇中でひばりが歌わない唯一の作品

の年、ひばりは一〇本の作品に出演した。

一九五四（昭和二九）年、日本映画は繁栄のときを迎えていた。入場人員こそ一九五八（昭和三三）年がピークだったが、その後の映画界を牽引するような「女の園」「七人の侍」「二十四の瞳」「新諸国物語　笛吹童子」「ゴジラ」「君の名は・第三部」などの作品が揃い活況を呈した。

また一九五四（昭和二九）年は、時代劇ファンにとっても画期的な年だった。何よりもまず草成期からの時代劇スターである阪東妻三郎、大河内傳次郎、嵐寛寿郎、市川右太衛門、片岡千恵蔵、月形龍之介、長谷川一夫らが健在で主役を張っていた。更に少し遅れて、高田浩吉、近衛十四郎、黒川弥太郎、大友柳太朗らもいて、まさに花盛りの感があった。そのうえ、この年公開の「新諸国物語　笛吹童子」では中村錦之助、東千代之介がデビューし、大映には市川雷蔵、勝新太郎が入社した。また黒澤明監督「七人の侍」の三船敏郎が時代劇俳優として定着したのもこの年である。

戦後九年を迎え、この年は景気が上向きになったが、汚職や就職難などの経済の歪みも生じ、時代の閉塞感も強くなっていた。そんなとき、権力に抗《あがら》う時代劇が大衆の心を捉え、勧善懲悪で敵を斬る剣戟俳優の活躍に拍手を送ったのである。

☆昭和二九年は、プロレスの力道山が外国人にさっそうと空手チョップで立ち向かう姿に、敗戦の日本人が熱狂、壮快感を味わっていた。邦画は「君の名は　第三部」（松竹）、「七人の侍」（東宝）、洋画は「ローマの休日」「砂漠は生きている」がヒットしていた。歌謡界では春日八郎の「お富さん」が空前のヒットを飛ばし「ひばりのマドルスさん」、菊池章子の「岸壁の母」が流行った。

「ジャンケン娘」「ロマンス娘」が大当たり！

一九五五（昭和三〇）年は、美空ひばりが江利チエミ、雪村いづみと共演した「ジャンケン娘」（東宝、監督・杉江敏男）が一一月一日公開され大ヒットした。作品はこの年の興行収入ベスト・テン三位に入った。

この大ヒットに味を占めた東宝は、これ以降、同じ杉江敏男監督で一九五六（昭和三一）年八月に「ロマンス娘」（ベスト・テン七位）、一九五七（昭和三二）年七月に「大当たり三色娘」（ベスト・テン九位）を公開して成功している。

この三人娘、当時の人気が凄かった。そのため出演交渉、撮影スケジュール調整が大変だった。プロダクション、レコード会社も違う、まして先々のスケジュールがびっしり。共演は不可能とされたが、敏腕プロデューサー杉浦貞雄が苦労しながら調整した。

この時、三人の映画出演ギャラは、はっきり差がついていた。ひばり七百五十万円、チエミ三百万円、いづみ百五十万円であった。

ひばりはこのとき映画界で最も稼ぐ女優に成長していた。ひばりには自負があった。撮影所には二人より先に入る事はしなかった。下の者が先に入るのが映画の常識だったからだ。

ひばりは一時、「私たちを三人娘と呼んでいるけど、正三角形の関係じゃないのよ。三角形の頂点が、とてつもなく高いところにある二等辺三角形よ」と語っていた。しかし、ひばりは同年代の女性と共演し話も弾んだ、撮影終了時には三人ともすっかり仲良しになった。

「ジャンケン娘」(東宝・昭和30年)
右から美空ひばり、雪村いづみ、江利チエミ

その後もひばりの主演作は続くが、一九五五(昭和三〇)年八月公開された「たけくらべ」(監督・五所平之助)は、劇中でひばりが歌わない唯一の作品。樋口一葉の名作の映画化で、ひばりは山田五十鈴を相手に、一途で純情な美登利役を演じた。また、一九五五(昭和三〇)年一二月四日公開の「笛吹若武者」(監督・佐々木康)で大川橋蔵をデビューさせ共演した。以後、ひばりと橋蔵はマミー、トミーの愛称で呼ばれる人気コンビになった。

不振の新東宝を救った「天皇」と「ひばり」

新東宝は赤字経営が続き経営危機にあった一九五七（昭和三二）年、作品が講談調やエロ・グロ系作品ばかりで、興行面では完全に精彩を欠いていた。ところがこの赤字会社を救った作品が二本有った。ワンマン社長・大蔵貢が企画し四月二八日公開した「明治天皇と日露大戦争」（監督・渡辺邦男）と一一月一七日と二三日公開した「ひばり三役　競艶雪之丞変化、前編・後編」（監督・渡辺邦男）である。

これはあまり知られていないが「明治天皇と日露大戦争」の上映が終わった後、公開した「ひばり三役　競艶雪之丞変化、前編・後編」は新東宝の歴代興収ベスト五位になる成績をあげた。「明治天皇…」があまりにも騒がれたので霞んだ感じである。

「明治天皇と日露大戦争」は日本初のシネマスコープ作品で、映画界がタブー視していた「天皇」を実名で登場させた。時代劇スターの嵐寛寿郎に天皇役を演じさせただけでなく、旅順攻囲戦や日本海海戦など壮大な戦闘シーンを描いて大ヒット。最終的に配給収入五億四千三百万円を計上、歴代配給収入ベスト・テン一位に輝いた。全国に劇場網の少ない新東宝が二番館、三番館に掛けた映画が、これだけの配給収入を上げた例は過去になかった。当時としては驚異的な売り上げで、さすがの業界人も驚くだけだった。

この大ヒットで大蔵のワンマン体質は強まる一方だった。お気に入りの女優を起用し続けたため、マスコミは女優を愛人にしたと非難。これに大蔵社長は「メカケを女優にしただけ」と居直った。こうした新東宝のモラルのなさが興行にもあった。

「ひばり三役　雪之丞変化　前編・後編」(新東宝・昭和32年)ポスター

美空ひばり作品が当たっていたので、ひばり初期の新東宝作品を、映画の題名を変えて再上映している。昭和二四年の「新東京音頭・びっくり五人男」が「ラッキー百万石娘」に。「あきれた娘たち」が「金語楼の子宝騒動」に。昭和二五年の「戦後派（アプレ）親爺」が「脱線恋愛三代記」に。昭和二九年の「歌ごよみ　お夏清十郎」が「艶姿恋の乱調子」と。こうした改題した作品上映は新東宝が赤字続きの昭和三二年と三四年にあった。しかし、被害者は、ひばり作品だけではなかった。嵐寛寿郎作品などもあったが何故か観客からの苦情はなかった。良き時代と言えばそれまでだが、ひばり作品が欲しい新東宝が、貪欲に知恵を絞る姿は、活動屋・大蔵貢の面目躍如というところか。

九三本に出演した東映作品

美空ひばりが新芸プロに所属したのは一九五八（昭和三三）年七月迄である。母・喜美枝と社長・福島通人との間で、営業面での意思疎通や、金銭の溝が埋まらず、袂を分かつ事に。デビューから一〇年、苦楽を共にしたマネージャーと別れた。

ひばりが最も絶頂のときで、歌は「波止場だよ、お父つぁん」「港町十三番地」「浜っ子マドロス」「三味線マドロス」などが当たりに当たり流行っていた。この年、個人申告所得は三、五七三万円と、二位の長谷川一夫の一、六八四万円を大きく引き離し、芸能界の所得番付一位であった。

ひばりは独立したその年の八月一日㈱ひばりプロダクションを設立した。社長・美空ひばり、副社長・母・喜美枝、常務・小野満、そして会長に山口組三代目・田岡一雄が就任。これ以降、美空ひばりは山口組の庇護のもと芸能活動を続けることになった。

「希望の乙女」(東映・昭和33年)美空ひばり芸能生活10周年記念作品、右から美空ひばり、高倉健

それに合わせて八月一八日、東映と専属契約を結んだ。京都市左京区岡崎法勝寺町に居を構えたのもこのとき。

昭和三三年の映画出演は一六本と異常な多さだった。他社出演は八月三日公開「ひばりといづみの夕月の歌姫」（新東宝、監督・斎藤寅次郎）で終わる。

東映専属になってからは時代劇が中心になった。その多くで二役以上を演じるなど、東映出演作は全九三本。「時代劇の東映」の全盛時代を担った。

一方、ひばりは東映の男優スターを育てたことでも有名であった。中村錦之助とは「唄しぐれ　おしどり若衆」など一一本。東千代之介とは「ひばり捕物帖」シリーズの相手役から始まり二〇本、大川橋蔵とはデビュー作「笛吹き若武者」から一五本。高倉健とは、「べらんめえ芸者」シリーズを始め一六本。更にひばりがベテラン女優の域に達した頃、彼女の相手役に抜擢されたのが里見浩太朗で、「いろは若衆　ふり袖ざくら」など一五本ある。これらの人との共演作は各男優がトップスターに上り詰める以前の映画が多い。言ってみれば、美空ひばりと共演させることで、会社は新入男優を出演させ育てた。ひばり作品はそれほど人気があり影響力があった。女優・美空ひばりの偉大さを認識させせられる事項である。

映画不振で東映との契約解除

ひばりは毎年、年間一〇本以上のペースで作品を撮っていたが、一九六三（昭和三八）年一二月二六日をもって東映との専属契約を解除する。時代が変わり、ひばりの神通力も通じなくなってきたからだ。併せて、三月一九日弟の小野透（本名・益夫）が自宅で「賭博幇容疑」で逮捕された。横浜の通称「ひばり御殿」も家宅捜索を受けた。そこで賭博の証拠が見つかりマスコミが一斉にバッシング。そのため公演や映画にも影響が出た。さらにひばりのヒット曲も途絶えて久しいときだった。

一九六三（昭和三八）年一月二三日に公開した「べらんめえ芸者と丁稚社長」（監督・渡辺邦男、共演・梅宮辰夫）は、観客動員数が一日平均千人を割る低調さだった。そのため四月に完成した「民謡の旅・秋田おばこ」も一次オクラとなり、六月九日からようやく「てなもんや三度笠」（主演・藤田まこと）との併映で公開された。それもわずか五日間という限定付きの上映で、ひばりにとっては屈辱であった。テレビの普及で映画が一気に凋落したときである。ひばりの東映専属は五年間と短いものだった。以後、ひばりは新宿コマ劇場、梅田コマ劇場などを中心に、舞台と歌に活動の基軸を移した。

「ひばり三役　競艶雪之丞変化」（新東宝・昭和32年）
監督・渡辺邦男と打ち合わせ

この頃、時代劇の衰退が激しかった。特に黒澤明監督が一九六二（昭和三七）年一月一日公開した「椿三十郎」が東映時代劇の息の根を止めたと云っていい。三船敏郎の殺陣が凄まじい迫力だった。また決闘シーンで斬られた仲代達矢から血がドバ～と吹きだす演出に観客は驚愕し度胆を抜かれたからである。今までの時代劇のいわゆる綺麗、綺麗の歌舞伎調の、斬られても着物は乱れない、出血はしない、夜間なのに明るい屋敷、そうしたリアル性のない映画が通用しなくなった。

ひばりが退社したこの年、東映は鶴田浩二主演の「人生劇場飛車角」（監督・沢島忠）、が当たり、やくざ映画製作へと進んでいく。

ひばりと共演が多かった高倉健も、次年度の一九六四（昭和三九）年八月公開の「日本侠客伝」（監督・マキノ雅弘）が大当たりして、以降、高倉健はやくざ映画で人気が沸騰していく。

☆ひばりが東映と契約解除した昭和三八年は、一月に「鉄腕アトム」が放送開始。大映の山本富士子が五社協定に泣かされ映画界をさった。邦画は「天国と地獄」（東宝）、「勢揃い東海道」（東映）、洋画は「史上最大の作戦」、「アラビアのロレンス」に客が入った。歌の世界では梓みちよ「こんにちは赤ちゃん」が日本レコード大賞を受賞。舟木一夫が「高校三年生」の大ヒットで、橋幸夫、西郷輝彦と御三家と呼ばれるようになった。来年の東京オリンピックに向けて日本全国工事中！ 一一月、初の衛星中継でケネディ米大統領が凶弾で暗殺されたニュースが飛び込んで来た。

映画の黄金期を疾走した美空ひばりだったが、一九八九（平成元）年六月二四日、間質性肺炎による呼吸不全のため、順天堂大学医学部付属病院で逝去。五二歳の短い生涯だった。亡くなった年の七月六日、女性初の国民栄誉賞が受賞された。

美空ひばりの出演映画は一七〇本。レコーディングは、約一、五〇〇曲（オリジナル約八〇〇曲)、舞台の座長公演は、約四、六〇〇回。公演動員数、約八、五〇〇万人。ひばりの歌碑は全国に一〇か所。美空ひばり後援会は今も会報発行やイベント等を実施し活動中である。横浜市南区日野公園にある美空ひばりの墓は、後援会の人々に守られ毎日花が絶えることは無い。更に没後三二年、今も美空ひばりの歌はラジオ・テレビで流れ続けている。

美空ひばり

東映太秦映画村には「京都太秦美空ひばり座」が有り、ひばりの足跡がわかる資料が展示されている。東京都目黒区青葉台の「美空ひばり記念館」は自宅を一部開放している。美空ひばりを知る書籍は拙著「美空ひばり最後の真実」(さくら舎)があるのでお薦めしておきたい。

〈美空ひばりと同世代に活躍した俳優〉 三橋達也、東千代之介、若山富三郎、田村高廣、渥美清、天知茂、二谷英明、宍戸錠、フランキー堺、中村錦之助、市川雷蔵、勝新太郎、宇津井健、川崎敬三、田宮二郎、江原真二郎、南田洋子、北原三枝、草笛光子、池内淳子、若尾文子、司葉子、団令子、丘さとみ、芦川いずみ、大川恵子、叶順子、中原ひとみ、三ツ矢歌子、桜町弘子、野添ひとみ、佐久間良子、中村玉緒、浅丘ルリ子、他。

高倉健　慕われた最後のスター

★プロローグ　映画スターが消えた時代（昭和後期・四一～六三年）

映画スターは映画産業にとってかけがえのない商品である。つまり映画の市場性がスターの商品価値によって左右されることが多かった。映画会社がスター発掘に血眼となるのはこのためである。今と違い、昔はスターの商品価値としての力は絶大であった。映画資本が商品として力点をどこに置くか、観客の吸引力を考えたとき、スターの商品価値は、観客大衆にもっとも手軽で容易で、かつ効果的であった。

しかし、スターに頼る作品は安易な作品が氾濫する欠陥も隠れている。逆説的に云えば、観客の観察眼がまだ内容を追及するまで発達していなかったともいえる。

日本映画は作品を二本立上映し、スターを中心としたプログラムピクチャーとして作品を量産していた。そのため良い映画など出来るわけが無かった。それが、観客の知的教養が高まり、かつ批判力を持つようになると、スターの商品価値と作品内容価値とが溶解したものを要求するようになった。昭和後期になると映画界はこのバランスを失いながらも、映画製作を続けていたので衰退していった。

そうした価値基準を決定的に変えたのが洋画だった。世界市場を相手に製作費をふんだんに掛けた作品は観ても違った。そのため日本の映画市場は洋画が圧倒的なシェアーを占めていった。経済成長で大衆の物の見方、考え方も変革していく。高倉健はそうした映画の激動期を体験し活躍した最後の大スターであった。

昭和後期(一九六一～一九八九年)の時代は、バブル景気と重なり異文化が氾濫した。日本には東京オリンピック(一九六四年)、万国博覧会(一九七〇年)開催で、外国文化がどっと押し寄せて来た。その影響で生活スタイルも変わっていった。新幹線とジェット機の普及で旅行が流行り、食生活では洋食化が進み、肉類、乳製品が増えた。

日本経済は一九八〇(昭和五五)年、一人当たりの国民所得でアメリカを抜いて、世界一になった。世の中が目まぐるしく変貌していったが、特に日本は自動車と白物家電や電子機器関連の産業が主流になり、ニューメディアの時代が到来した。

最後の映画スター

名優には愛称が付く。尾上松之助には「目玉の松ちゃん」、阪東妻三郎には「阪妻」、石原裕次郎には「裕ちゃん」。そうして高倉健は「健さん」と呼ばれて慕われた。

愛嬌がありジョーク好きだった男は、後年、俳優の顔として「寡黙な男」を演じた。

高倉健は一九三一（昭和六）年二月一六日、父・敏郎と母・孝の二男二女の二男として、福岡県中間市で生まれた。本名・小田剛一。一四歳で終戦。県立東筑高校卒業後、貿易商を目指して明治大学商学部に進学するが、折からの就職難で断念。帰郷し家業の採石業を手伝っていたが一九五五（昭和三〇）年、大学時代の知人を頼り上京。当時、人気絶頂の美空ひばりの所属会社に勤めるため、会社近くの喫茶店で面接を受けた。

しかし、その場にいた東映東京撮影所所長・マキノ光雄にスカウトされ、東映第二期ニューフェイスとして補助編入され入社。翌年の一九五六（昭和三一）年一月、「電光空手打ち」で、いきなり主役でデビュー。そのとき高倉健の芸名を付けてもらった。

デビューした年は日本映画が絶頂期を迎えていたときで、監督では小津安二郎、今井正、黒澤明、木下恵介が、俳優では森繁久彌、三船敏郎、高峰秀子、美空ひばり、岸恵子、などが活躍していた。映画は時代劇やゴジラ映画が当たり、日活では石原裕次郎が「太陽の季節」でデビューした。

高倉はデビューから主演作品に恵まれていた。東映が一九六〇（昭和三五）年三月、新しい配給ルート「第二東映」を発足させたからである。時代劇で稼いでいた東映が東京撮影所で、現代劇を増産させた。そのため高倉はアクション物や刑事、サラリーマン役など年間一〇本以上に出演した。しかしデビューから九年経っても、人気はいまいち上がらなかった。

人気を決定づけた任侠映画

高倉が人気を不動にしたのは任侠映画での活躍だった。一九六三（昭和三八）年三月公開の「人生劇場　飛車角」（監督・沢島忠）が任侠映画の第一作で鶴田浩二が主役だった。翌年の八月公開の「日本侠客伝」（監督・マキノ雅弘）で初めて高倉は任侠映画の主役に抜擢された。しかし、この作品、当初、中村錦之助が主役だった、錦之助はやくざ映画を嫌って出演拒否。急遽、高倉健に主役が回って来た。

高倉健と仲の良かった錦之助が、その話しを聞いて助演として出演してくれた。しかしポスターの頭は助演した中村錦之助で、高倉ではまだ一枚看板は張れなかった。高倉は、マキノ雅弘監督の指導で見違えるほど演技が研ぎ澄まされて好演した。作品はヒットした。

しかし、会社は高倉健の独り立ちには、まだまだ慎重だった。次回作として翌年の一九六五（昭和四〇）年四月公開の「網走番外地」（監督・石井輝男）で、高倉健に主役を張らせた。

「網走番外地」（東映・昭和40年）
右から南原宏治、高倉健

「関東流れ者」（主演・鶴田浩二）の添え物映画だった。そのため製作費が掛けられずモノクロ映画だったにもかかわらず、独特の哀愁に満ちた主題歌と、チンピラの匂いを残す高倉健が予想外の人気を博し大ヒットした。これには会社もビックリ。これ以降、会社は高倉健を主役にした作品を企画していく。同年一〇月一日、高倉健主演で「昭和残侠伝」（監督・佐伯清）が公開された。これが見事に当たり高倉健の任侠路線が確立し、シリーズ化されていく。

「昭和残侠伝」シリーズでは、唐獅子牡丹の刺青を背負い、日本刀を構える姿に男性ファンが熱狂。「死んで貰います」の決めゼリフは、学生運動が盛んだったので全共闘世代の共感を集め、映画館では観客がこのセリフの場面で「異議な~し」と叫ぶほど絶大な支持を集めていた。その後「日本侠客伝」もシリーズ化され、高倉は任侠道に生きる男を描いた作品で一世を風靡《ふうび》していく。

その主な作品は「網走番外地」シリーズ、「日本侠客伝」シリーズ、「昭和残侠伝」シリーズ、「博徒列伝」「侠骨一代」「渡世人列伝」「遊侠列伝」「任侠列伝」「望郷子守歌」「山口組三代目」などがある。

義理人情に厚い寡黙な男を演じる

高倉健のやくざ映画で、観客は不条理な仕打ちに耐えて復讐を果たす骨太な役どころに共鳴した。映画館は通路まで満員になり、上映が終わると主人公に感情移入した観客たちが肩で風をきるように出て行く姿が見られるほど大きな影響を与えた。

高倉健の任侠映画は社会現象にもなった。一貫して演じたのは、迫害を受ける組や、組織のため、お世話になった人々の義理・人情のため、一人自己犠牲を払い悪に立ち向かっていく姿である。高倉はいくつもの苦難に黙って耐え、逆境をものともしない主人公で、義理人情に厚く、ストイックで寡黙なイメージを定着させた。

そこには経済成長で置き去りにされた労働者の思い、権力に立ち向い挫折していく学生たちの疎外感などが相まって、高倉の演ずる一匹狼に共鳴する社会的な要因ともなった。

日本の高度成長に背を向けるように、やくざ映画は古い義理人情や、底辺労働者を描いた。

こうしたやくざ映画は一九六四（昭和三九）年より約一〇年間続く。別ないい方をすれば、全学連の学生が荒れ狂っていた頃、東映のやくざ映画が猛威をふるっていた。「映画とは壮大な夢の体系である。任侠映画は最も輝かしい最後の夢であった」といった評論家もいた。

プログラムピクチャーの中で大活躍！

その後、高倉健は「網走番外地」など、やくざ映画一筋、過酷なスケジュールに追われる日々が続いた。

日本では一九五〇年代から一九七〇代にかけて、劇場公開（プログラム）する作品（ピクチャー）は上映日が決められ、そのスケジュールに従い、作品を埋めていくことが通常化していた。これを業界ではプログラムピクチャーと言った。

映画会社は年間に製作する作品を発表し、二本立番組で、毎週新しい作品を劇場に提供した。そのため、ところてん式に作品を作って行くが、興行価値を高めるため、長く続くヒットシリーズや有名俳優を必要とした。

製作側は次の作品は「何をやるか」ではなく、「誰でやるか」、つまりスターのローテンションに合わせて企画が立てられていった。こうしたシステムには秀作が生まれない。とにかく作品を速く、安く作り上げ劇場に届けた。

映画は一本、一本の作品で勝負するのではなく、常時映画を配給する事で、年間を通じての採算をとる興行形式であった。この上映形式は戦前からあった。それが強化されて行ったのが一九五〇年代からである。そのため作品は、特定の映画館で、特定の映画会社の作品だけしか見る事が出来ず、東映作品は東映直営館及び契約館しか上映せず、東宝も松竹も同じような体

やくざ映画のはしりとなった「人生劇場　飛車角」（東映・昭和38年）真ん中右から鶴田浩二、高倉健

制だった。要するに製作（撮影）、配給、興行（劇場）が一社の中で完結するブロック・ブッキング・システムを取っていた。

特に高倉健が所属した東映は長期に渡り、このシステムを堅持した。東映は一九六〇（昭和三五）年から興行形態を二系統にし、第二東映を作り、時代劇路線、現代劇路線（第二東映）を区分する方式を取り、日本映画市場の五〇％を取る勢いで製作体制を整えていた。

東映はこのとき、時代劇スターを中心にした作品で大躍進し、一挙に業界トップの位置を占めた。プログラムピクチャーの機能を最も果たしていたときである。まず、年間スケジュールを作成し、片岡千恵蔵、市川右太衛門、美空ひばり、大友柳太朗、中村錦之助、大川橋蔵らを一人平均年間六本で組み、正月、ゴールデンウイークはオールスターで決めていた。「この週は美空ひばり」「この週は錦之助」と番組を決め、製作ニュースを劇場に流した。

この時期、東映京都撮影所では年間八〇本を超す時代劇が撮られ、第二東映が出来ると一〇〇本以上の映画を製作していた。主演スターを中心とした量産体制である。しかし、作品の粗製乱造がたたり、翌年には第二東映が廃止された。高倉が第二東映作品を撮っていた最中の出来事である。

劇場では番組を一週間替わりで上映したが、さすがに息が続かず、一九六〇年代になると二週間興行に変っていく。こうした事情だったから現場はたまったものではない、過労で倒れる俳優、スタッフが続出した。映画会社にいち早く組合が出来たのもこのためである。

高倉健失踪事件！

こうした労働条件のなかで高倉健は日夜頑張っていた。しかし、このシステムについていけず、高倉が過労で逃避する事件が起きた。高倉はこの時の気持ちを手記で書いている。

「プログラムピクチャー全盛時、多い年には一年一八本の撮影が進められた。スタジオの敷地内に人が溢れ、思い出しても異常な日々。「昭和残侠伝」等の撮影時、背中の入れ墨が描かれる間は、邪魔されることのない貴重な睡眠時間。スタジオの廊下に無造作に置いてある長椅子が仮眠の寝床。当時、密着で僕を撮り続けていた横尾忠則さんが写真集の一ページに、長椅子で爆睡中の自分の姿が残っている。

幸運にも畳の上で横になれたとき、籐《とう》で編んだ枕をうっかり顔に当てて寝込んでしまったことがあった。セッテングが整ったと無理やり起こされ朦朧《もうろう》としながらスタジオに顔を出すと、監督が僕の頬の片側に網目がしっかりと食い込んでいるのを見つけ、傍らにいた結髪《けっぱつ》さんがこっぴどく怒られた。監督が「熱いタオル、熱いのを持ってこい！」と。あたふたしていた結髪さんに、あっつい蒸しタオルをそのまま頬に当てられ。「熱い！　熱い！」。イライラをどこにぶつけていいやら。撮影の遅れは必至だし、寝ぼけているし、熱いし。

三日三晩徹夜続きとなれば、シーンごとに入れ替わる俳優よりも、スタッフがたまらない。スタジオ上部に温かな空気が溜まる照明部のスタッフが、隙を縫って、つい寝込んでしまうことは珍しくなかった。本番中大いびきがしばしば録音され、録音部は本番前に、先ずは上に向かって声をかける。「照明部さん、いびき気を付けろ！」と。撮影は何本か同時進行で似たような筋立てが続いていた。精神的にも肉体的にも、僕は限界だった。

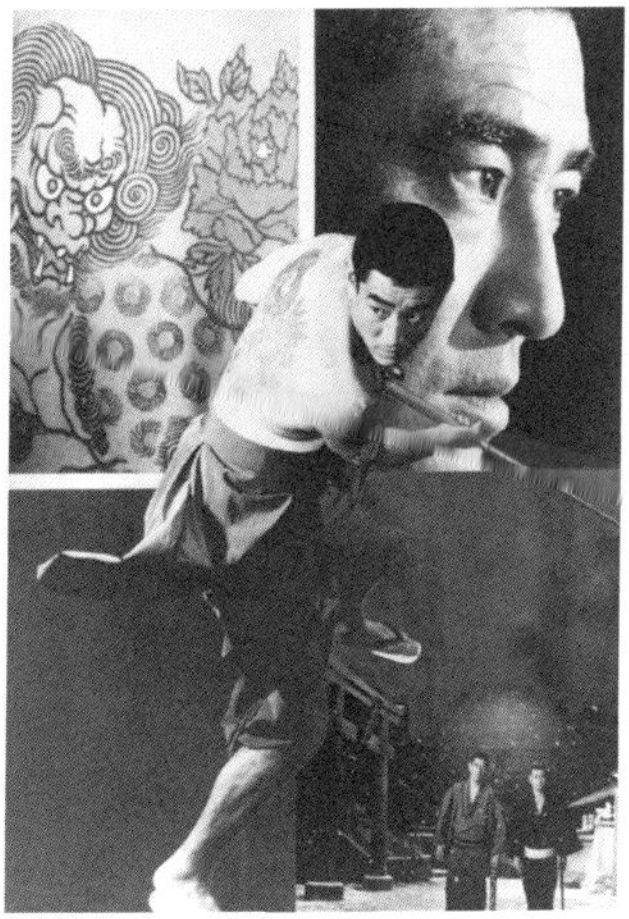
「昭和残侠伝」（東映・昭和40年）
組み写真、高倉健

そんなある日、当時助監督で仲の良かった澤井信一郎君（後に「Wの悲劇」「時雨の記」などを監督）が目の前を横切った。「おい！　澤井ちゃん！」と声を掛け、そのまま僕の車に乗せ、ふらっと撮影所を出た。目的地は特に考えていなかったが、その時は長野の善光寺詣いりをして、戸倉温泉の宿にずっと籠っていた。

何をするでもない、温泉に浸かったりご飯を食べたり。僕が撮影に行かなかった翌日から大騒ぎとなった撮影所では、とにかく公開に間に合わせるため、僕抜きのシーン撮影がドンドン進められたらしい。もちろん、すぐに捜索が開始され、一緒にいることが分ってしまった澤井ちゃんの責任問題になるので、仕方なく撮影所へ戻った。」（『高倉健　最後の手記』高倉健著　文藝春秋）

確かに高倉健が嘆く通り、デビューした一九五六（昭和三一）年から、主演作が年間一〇本を切った年は一回も無い。石原裕次郎もこうしたプログラムピクチャー制度の撮影に疲れ、一九五九（昭和三四）年、現場から逃避し、「石原裕次郎失踪事件」として大騒ぎになった事が有る。会社（資本家）は、商品（俳優）が居ないと作品が出来ないので、不満はギャラアップで押さえるしかなかった。

東映から独立してフリーに！

一九七三（昭和四八）年になると、任侠映画が下火になり、実録路線の「仁義なき戦い」（監督・深作欣二）が出て来る。この映画がまた当たる。このまま東映にいたらやくざ映画しか撮れないことを危惧した高倉は、一九七六（昭和五一）年東映を退社する。

この時期、緩くはしていたが俳優の専属制度を採っていたのは東映だけであった。しかし、やくざ映画が中心だったので、中村錦之助、大川橋蔵、佐久間良子、三田佳子などは既に東映を去っていた。高倉がフリーになったことで、鶴田浩二、千葉真一、梅宮辰夫、山城新伍などの契約が徐々に解除された。昭和初期から続いた映画会社の俳優専属制度が完全に無くなっていく。

スターは映画会社の商品である。その容姿とキャラクターの魅力は、観客を引き付けるに十分な商品的価値を持っていた。その代償として高額の専属料や出演料が支払われる。それはその商品性が市場価値を支えている期間である。

いわば人気への報酬である。その商品が会社にとってかけがえのもので有れば、有るほど拘束するための経費（ギャラ）は増大する。俳優はこれとは逆に身分保障が無いので、稼げるうちに稼ごうという計算から会社と対立しトラブルが起きる。

新東宝、日活、大映など倒産した会社の俳優は自分で事務所を作るか、他の芸能会社へ所属し仕事を探していかなければならなくなった。これを喜んだのはテレビ局で、高根の花だった映画の大スターが使えるようになった。こうした時代、最後まで残っていたのが高倉健であった。世間から高倉が「最後の映画スター」と云われる由縁である。

☆高倉健が独立した昭和五一年は、総理大臣・田中角栄がロッキード事件で逮捕され拘置所へ送られた。萩本欽一の「欽ちゃんのドンとやってみよう！」などのテレビ番

組が受け、視聴率一〇〇％男とモテモテだった。二月「徹子の部屋」がスタート。映画では大島渚監督「愛のコリーダ」が性描写で物議をかもす。邦画は「続・人間革命」（東宝）、「犬神家の一族」（東宝）、洋画は「ジョーズ」、「グレート・ハンティング」が大ヒット。歌では都はるみ「北の宿から」が受けていた。中国の毛沢東が逝去したのもこの年。

高倉健の独立で潮目が変わった映画界

高倉健が独立したことで、日本映画の潮目が変わった。この年はまさに日本映画の節目の年だった。その理由は五社協定の崩壊である。高倉健の独立でフリーのプロデューサーや監督、他社などが高倉健という素材で、自由に映画作りが出来る環境が整ったことである。高倉健はそれほどのネームバリューと興行力があった。

「野生の証明」（角川映画・昭和51年）
右から高倉健、薬師丸ひろ子（12歳）

角川映画「犬神家の一族」が登場し、映画界がちょうど二本立興行から一本立興行のへの移行期だったので、高倉健の独立は一本立興行の大作主義を加速させた。

高倉の独立の声を聞くと直ぐに、元・大映社長の永田雅一から「君よ憤怒の河を渉れ」（監督・佐藤純彌）の出演依頼があり、一九七六（昭和五一）年二月公開しヒットを飛ばした。翌年には脚本家・橋本忍の橋本プロダクションと創価学会傘下のシナノ企画が共同製作した「八甲田山」（監督・森谷司郎）で興行収入ベスト・テン一位になり、日本映画の動員記録を作った。次いで三作目が一九七七（昭和五二）年一〇月公開の山田洋次監督の「幸福の黄色いハンカチ」である。

この作品で第一回日本アカデミー賞最優秀主演男優賞ほか、数々の映画賞を受賞。以後、高倉はまさに日本映画のキーマンとして活躍することになった。

演技派・高倉健の原点

高倉健は映画界転換期の真っただ中にいた。独立したら自分の価値がどれ程のものか、不安のなかでの独立だった。独立を考えたときオファーが全く来なくなる事も覚悟したという。

しかし、独立後の高倉は、人間ドラマやアクションなどで出演の幅を広げた。一九七七（昭和五二）年の「幸福の黄色いハンカチ」（監督・山田洋次）では女性へのひたむきな愛を体現し、新境地を開拓。「駅ＳＴＡＴＩＯＮ」と「ブラック・レイン」の刑事役、「鉄道員（ぽっぽや）」の駅長、遺作となった「あなたへ」の刑務官など、寡黙だが筋が通っていて温かみのある男性像を演じた。それがまた寡黙で不器用な高倉のキャラクターとマッチして、数々の映画賞を受賞した。

高倉は後年、演技賞を数多く受賞したが、東映時代は「偉大な大根役者」と陰口をたたく評論家が多かった。もともと大スターと呼ばれる人は大根役者が代名詞のようなものだった、少し古くなるがアメリカのジョン・ウェイン、フランスのアラン・ドロン、日本の石原裕次郎などが良い例である。それで観客が入った。

高倉健はフリー後、本人の努力で演技に磨きを掛け、大根役者を克服したのは見事だった。東映時代に演技を絞られた作品が二本ある。それは共に名匠・内田吐夢監督作品であった。

その一、一九五八（昭和三三）年一一月公開の「森と湖のまつり」。この作品、武田泰淳の原作で、北海道の雄大な自然を背景に、アイヌ民族の存亡と、愛をめぐるドラマである。高倉が亡びゆくアイヌのために闘う主人公を野性味豊かに演じた。共演は香川京子、有馬稲子、三國連太郎。

この作品で高倉は内田監督に毎日しぼられ泣いた。しかし音を上げながら頑張った。その甲斐あって作品は評論家からも評価されたが興行的には振るわなかった。高倉は後年、この作品で映画に対する考えが変ったと回顧している。

その二、一九六五（昭和四〇）年一月公開の「飢餓海峡」である。青函連絡船・洞爺丸が台

「森と湖のまつり」（東映・昭和33年）
右から香川京子、有馬稲子、高倉健

風のため転覆し、千人以上の犠牲者を出した実話に基づいた水上勉の小説を映画化。みごとなスリラー形式の運命劇として内田吐夢の代表作となった。

映画評論家の白井佳夫は「日本映画最盛期の最後の輝き」「にほんの風土に根差した骨太なリアリズム」と高く評価している。

この作品で高倉は刑事役で出演した。共演者は同じ刑事役で伴淳三郎、犯人役で三國連太郎、娼婦役で左幸子。高倉はこの芸達者なベテランの演技上手に感服した。娯楽映画にしか出演していなかったので自分の芸の未熟さを恥じた。以来、内田吐夢の演出に合せて懸命に努力し、教えて貰ったという。演技派・高倉健が誕生した作品となった。

以降、作品に真摯に向き合い、やくざ映画での自身のキャラクターを確立していく。この作品で、内田吐夢は毎日映画コンクール監督賞、三國連太郎は男優主演賞、左幸子は女優主演賞、伴淳三郎は男優助演賞をそれぞれ受賞したが、高倉の受賞は無かった。

そうした経験が有ったので、独立後の高倉は作品を選んで出演した。「君よ憤怒の河を渉れ」「八甲田山」「幸福の黄色いハンカチ」「野生の証明」「動乱」「遥かなる山の呼び声」「海峡」「南極物語」などである。その中でも「南極物語」は日本映画史上の大記録を打ち立てた。少し作品に触れておこう。

三年の期間と極寒で撮影された「南極物語」

高倉の独立後、シナノ企画、松竹、角川映画など色々な出会いがあったが、もう一社、これからの映画界を牽引する会社が登場した。フジテレビである。このフジテレビが角川映画以降の日本映画を支える大きな主柱となっていく。そのフジテレビからのオファーで出演したのが「南極物語」（監督・蔵原惟繕）である。偶然とはいえ高倉は何故かその会社のエポックメーキング的な作品の出演が多い。

「南極物語」雑誌広告
（フジテレビ、学習研究社・昭和58年）

「南極物語」は、一九八三（昭和五八）年七月二三日公開された。映画は老若男女あらゆる客層を魅了して、日本映画史上初の一一〇億円という興行収入を記録した。この記念すべき映画は、フジテレビ、学習研究社、蔵原プロダクションの三社の共同で製作され、日本ヘラルド映画と東宝が共同配給した。

一九五九（昭和三四）年一月、奇跡を知らせるニュースが日本中を感動させた。南極の昭和基地に取り残された一五頭のカラフト犬のうち、二頭が生存していたのだ。

タロとジロは、北海道大学名誉教授・犬飼哲夫らが道内から選んだ名犬で、一九五七（昭和三二）年から翌年まで南極観測隊第一次越冬隊の「犬ぞり」で活躍したカラフト犬のうちの二頭だった。

観測隊が交代期の一九五七（昭和三二）年二月、昭和基地付近は厚い氷で覆われ、当時の観測船「宗谷」の力では、どうにも近づくことができなかった。このため止む無く、一五頭のカラフト犬は鎖につながれたまま、南極の氷原に取り残された。

「タロとジロは生きていた！」

だが、翌々一九五九（昭和三四）年一月、第三次観測隊が昭和基地に到着した時、ブリザードの吹きすさぶ南極で一年間を生き抜いてきた二頭が、ヘリコプターの下に駆け寄って来た。ほかの一三頭のうち六頭は行方不明、七頭は無残にも餓死していた。映画「南極物語」は、このタロとジロを主役とした物語である。カラフト犬たちに食事も与えず、そのうえ鎖につないで置きざりにしなければならなかった男たちの苦痛とこだわり…。

犬たちは一体、酷寒の南極でどうやって生き抜いたのか。その謎は永久に解けない。タロとジロ、そのほかの行方不明の六頭が、どのようにして生きていたのか、だれも見た者がいない。その謎を追うドラマでもあった。

「南極物語」の監督は、「キタキツネ物語」「象物語」など、動物映画ではベテランの蔵原惟繕。主演は高倉健と渡瀬恒彦。だが、主演の高倉は「八甲田山」以来、寒冷地を舞台にした映画に出ず張りで、体力に自信がないと躊躇していたが、製作発表間際になってようやく出演を承諾したいきさつがあった。

撮影は南極、北極を往復し、京都、稚内、紋別と延々一四万キロにも及び、足かけ三年掛りの撮影だった。この間、さまざまなアクシデントが起こっている。

まず蔵原監督が、南極で撮影中にロッ骨を折るという怪我をした。高倉も、風速七〇m、マイナス三〇度というブリザードに襲われ、凍傷で右耳がもげそうになるなど、九死に一生を得た。これは、ニュージーランド隊のスコット基地から、約七五キロ離れた難所でのこと。雪上車の中でブリザードの過ぎ去るのを待つあいだ、「もしかして…」と、高倉は死を意識したという。

さて、映画の主役の犬だが、カラフト犬は、撮影を始めた頃にはその数がわずか四頭しか残っていなかった。そこでエスキモーの飼っているハスキー犬が、ピンチヒッターで登場。ただ、エスキモー語しか理解しないので、訓練、本番となるたびにスタッフが頭を抱えた。

映画史に残る快挙　「南極物語」は数々の苦労を乗り越え完成した。そして、一一〇億円という映画興行収入史に残る快挙を成し遂げた。この映画には、最初から日本映画の興収記録を達成すべく、七〇億円という目標が置かれていた。フジテレビというテレビ媒体。学研という雑誌媒体に乗って、宣伝を担当した日本ヘラルド映画は必死だった。映画の製作費に匹敵するほどの宣伝費、それは角川映画が敷いたレールであった。あらゆる媒体を利用した大量宣伝を行えば、観客を動員できるという一つの証明でもあった。「南極物語」は、フジテレビが次に製作する「ビルマの竪琴」「子猫物語」と続く、一九八〇年以降の映画製作の起点となった作品である。

当初、フジテレビが映画へ進出した目的はテレビで放送する素材の確保だった。儲かれば事業収入が上がる程度だったが、この「南極物語」で映画が商売になることを実感。以後、積極的に事業展開していく。以後、映画がフジテレビの重要な収入源になった。

高倉はこの「南極物語」以降、「海へSee You」「ブラック・レイン」「あ・うん」「ミスターベースボール」「四十七人の刺客」「鉄道員（ぽっぽや）」「あなたへ」などの作品を撮った。

高倉健主演作品が興行収入ベスト・テン一位に輝いた作品が四作ある。

「網走番外地」（昭和四一年）、「八甲田山」（昭和五二年）、「野生の証明」（昭和五三年）、「南極物語」（昭和五八年）である。

☆「南極物語」がヒットした昭和五八年は、ＮＨＫの連続テレビ小説「おしん」が大ブレーク、苦難に立ち向かう「おしん」に日本中が涙した。四月一五日、夢と魔法の王国「東京ディズニーランド」がオープン。テレホンカードが流行り、夕張炭鉱が閉山した。邦画は「南極物語」(東宝)、「探偵物語」(角川)、洋画は「Ｅ・Ｔ」、「スター・ウォーズジェダイの復讐」がヒット。歌は中森明菜の「少女Ａ」「セカンド・ラブ」、あみんの「待つわ」、細川たかし「矢切の渡し」が流行った。

明るい高倉健の素顔

読者諸氏には東映から独立後の高倉健のイメージが固定している。しかし、若き日の高倉健は礼儀正しく明るい俳優だった。当時にタイムスリップして書き留めておきたい。

ときは、一九六五(昭和四〇)年三四歳。「網走番外地」シリーズなどが大ヒットしていたときだ。

高倉健は、ごく平凡な俳優の卵だった。それが日本一の大スターになった。身長一八〇㎝、体重六八kg。この偉丈夫は酒を一滴も飲めない。ジンフィーズ一杯飲んでも、真っ赤になってひっくり返ってしまう。タイプからは、大酒豪の感じを受けるが、実は全く下戸である。アルコールが駄目だが、コーヒーは気狂いみたいに好きだ。一日最低一〇杯は飲む。それも、明るく静かな喫茶店で、仲間たちとダベルのが好きだ。普段は話し下手のくせに、コーヒーを間にはさむと、立て板に水のように舌が回転する。そして、コーヒーを次から次とお代わりしていく。

ホテルのロビーとナイトクラブが好きで、よく一人でコーヒーを飲んでいる姿が見受けられる。そんなとき、愛用しているのがケント。一日四〇本のタバコを吸う健さんは、昔からケントを愛煙している。渋い配色のスーツが、スタイリストの面目を裏書きする、背広のほとんどが濃紺。ネクタイも同系色だから、遠目には一色にみえる。決して目立つおしゃれじゃないけれど、細心の注意を払っている。

この健さんが「ゴマ塩とお新香が好きだ」というのが面白い。何回も外国旅行に出かけているが、カメラを忘れても、ゴマ塩だけは絶対に手放さなかった。ヨーロッパでパンにゴマ塩を振りかけ食べたことがあるとか。

明るい高倉健、東映東京撮影所でスタッフに交じって（昭和40年）

それに大の食道楽。酒を飲まない人は大抵そうだが、彼もまた、道楽を通り越した食通である。ロケでの楽しみは、その地方特有の食べ物にありつくことだ。これを楽しんだ。

健康については人一倍気を使っている。ボディ・

ビルは毎日欠かしたことがない。合気道の鍛錬も怠らない。武田流二段の腕前である。沖縄ロケに行ったとき、その道具一式を自分の部屋に持ち込んで、沖縄剣道に励んでいた。それなのに、夜更かしが好きで朝寝坊なのだ。

さらに、薬の愛好者である。新しい薬が発売されると、いち早くそれを手に入れないと気が済まない。薬についての知識は、ヘタなお医者さん以上である。ロケ先で病人が出たら、まず健さんに相談しろといわれている。撮影が追い込み体制に入ると、東京「お茶の水報徳診療所」に通ってビタミン剤を注射し、体力の回復を図っている。

彼の車好きは有名である。ただ乗りまわすだけではなく、機械（メカ）をいじりまわすのも好きなのだ。こんな話がある。中村錦之助さんと数日を共に過ごしたときのこと。在る晩、彼は突然起き出し、驚く錦之助を尻目に車を洗い出したというのだ。車の汚れが気になって仕方がなかったのだろう。彼の愛車はベンツ二三〇SとジャガーMタイプである。

彼はぶっきら棒だ。ぶっきら棒だが、友だち思いで気さくだ。だから、彼の周囲は常に人が集まっている。話し下手だから彼は喋らない。黙ってニコニコしながら周りの人の話を聞いているだけ。

彼はイタズラが好きだ。そのイタズラのりで丹波哲郎さんから教わった催眠術が、今では玄人はだし。骨にひびの入った俳優・山本麟一に催眠術をかけて苦痛を取り除いてやったり、照明係の人が事故で指を骨折したとき、それを治したりした。

それに、何気なく歌ったつもりの「網走番外地」（テイチクレコード）、「唐獅子牡丹」（キングレコード）が大ヒット。「歌手・高倉健の誕生」などと騒がれもした。キングからヒット曲ばかりを収めたLPも発売された。

歌手としては、愛妻江利チエミに頭があがらない。「俺の歌は売れるんだゾ！」と威張ってみても、チエミ奥様から「ヘタクソ！」と言われてシュンとしてしまうのだ。そして「俺は本職じゃないから〜」と、小さい声で弁解して、チエミ奥様に笑われるのである。

撮影の昼休み、江利チエミ奥様が手作り弁当を持参した（昭和41年）

彼の愛妻ぶりは有名だが、チエミ奥様のご主人思いも有名である。「仕事場は女房の出入りする所ではない」と言う彼の鉄則すれすれに、チエミ奥様はお弁当を持って撮影所通いをすることがある。その代わり、食事が終わるとサッサと帰ってしまうのだ。
チエミ奥様はまた、彼の映画の良き批評家である。仕事の忙しいチエミ奥様が、彼の映画を観るのはオールナイトのとき。混んでいるときは、場内の二階階段（通路）に座り込んでジーッと観ている。（深夜興行は常に満席で、椅子に座れないお客様には、入り口で新聞を渡し、通路で観て貰った）。

オールナイトなら人目につかないのも利点だ。ゆっくり彼の映画を観ていられる。そして翌日、彼と映画談義に興じるのである」

若き日の高倉健は明るくお茶目だった。後年の寡黙なイメージとはほど遠かった。

その後の事を補足すると、歌手の江利チエミとはデビューした年の一九五六（昭和三一）年一二月二六日公開した「恐怖の空中殺人」で共演して知り合い、三年後の一九五九（昭和三四）年結婚。江利チエミの人気が絶頂のときである。

その後、江利チエミは妊娠し子供を授かるが重度の妊娠中毒症を発症し、中絶を余儀なくされ、子供には恵まれなかった。その後、チエミの異父姉がさまざまなトラブルを起こし、チエミからの申し入れで一二年後の一九七一（昭和四六）年九月三日協議離婚する。

この間の一九七〇（昭和四五）年一月二一日には、高倉と江利が住む世田谷の自宅が火事で全焼する事件もあった。なお、江利チエミは一九八二（昭和五七）年二月に脳卒中と吐瀉物誤《としゃぶつご》嚥《えん》による窒息のため、四五歳で不慮の死を遂げている。

貫いた映画魂、最後のスター死す

高倉健が亡くなったのは二〇一四（平成二六）年一一月一〇日午前一〇時四九分。都内の病院で八三歳の生涯を閉じた。死因は悪性リンパ腫（血液中のガン）だった。

この突然の訃報にファンは驚いた。マスコミ各社はトップで高倉の死を報じ、偉大な俳優の死を惜しんだ。高倉はデビューした一九五六（昭和三一）年から五八年間の俳優生活で、映画出演二〇五本。なんと多いことか。

時間があると北海道静内で馬と遊んだ（昭和 43 年）

高倉が亡くなった後、一七年間同居していた養女の小田貴月が出現し話題になった。
養女・小田貴月は親族や親しいスタッフに知らせることなく、密葬を執り行い、四〇億円と言われる資産の全てを彼女が相続した。東京世田谷区瀬田の自宅と、生前に買っていた鎌倉霊園のお墓も取り壊され更地になるなど、色々の騒ぎが起きた。
養女と親族の間に確執が残ったが、健さんの遺骨の一部は、東宝の島谷能成社長が小田貴月から譲り受け、実妹・敏子さんに渡された。今は福岡県中間市にある小田家の菩提寺「正覚寺」の墓にその一部が眠っている。小田家の墓誌には母親の隣に健さんの本名「小田剛一」が刻まれている。
この母親が亡くなったとき、高倉は「あ・うん」の撮影で告別式に行けなかった。生涯大切にしていた母が亡くなったときの心情を告白している。

「お母さん。僕はあなたに褒められたくて、ただ、それだけで、あなたがいやがっていた背中に刺青《ほりもの》を描《い》れて、返り血浴びて、さいはての「網走番外地」「幸福の黄色いハンカチ」の夕張炭鉱、雪の「八甲田山」。北極、南極、アラスカ、アフリカまで、三十数年駆け続けてこれました。別れって哀しいですね。いつも…。どんな別れでも…。あなたに代わって、褒めてくれる人を誰か見つけなきゃね。」(「あなたに褒められたくて」高倉健著　集英社)。

親元を離れ五九年。波乱万丈の生涯を閉じた高倉健が、小田剛一として、今ようやくは母の懐に抱かれ安眠している。

後年、正覚寺の境内には親族で健さんの記念碑が建立された。記念碑には、健さん直筆による冬の松を意味する「寒青」の二文字が刻まれ、ファンが訪れている。名声と富を極めた高倉だったが、死後の始末まで心が至らなかった。しかし昭和後期最大のスターの足跡は残った。

「燦然と輝く作品」である。これを壊すことは誰にも出来ない。

芸歴が永く、常に、日本映画のトップスターとして活躍していた高倉は映画賞の他に、一九九八（平成一〇）年紫綬褒賞、二〇〇六（平成一八）年文化功労章、二〇一二（平成二四)年第六〇回菊池寛賞。二〇一三(平成二五)年には俳優では四人目となる文化勲章がある。

盟友・降旗康男監督と共に

一流俳優には気脈が合うと云うか、馬が合うと云うか、自分を引き立ててくれる監督が必ずいる。尾上松之助には牧野省三。三船敏郎には黒澤明。渥美清には山田洋次。菅原文太には深作欣二、そして高倉健には降旗康男がいた。

降旗康男と高倉の出会いは一九五七（昭和三二）年、美空ひばりが主演した「青い海原」（監督・小林恒夫）のセカンド助監督に付いたときで、高倉が出演していた。高倉二六歳、降旗二三歳のときである。それ以来、気脈が通じ合える仲になった。

降旗康男監督（平成30年）

高倉健が任侠映画で喝采を浴びた「昭和残侠伝」（監督・佐伯清）の第一作は一九六五（昭和四〇）年一〇月の公開である。この作品で降旗康男はチーフ助監督に就いていた。高倉健が殴り込みに向かう場面では、高倉健が歌う「♪背中で泣いてる　唐獅子牡丹」の主題歌が流れる。歌が好評だったので、会社はこのシーンに歌を長く入れるよう佐伯監督に要求した。

佐伯は一本気な性格だ。「おれは歌謡映画を撮ってるんじゃない」と怒って撮影拒否。帰ってしまった。チーフ助監督だった降旗康男（三一歳）は困った。降旗たちが途方に暮れていると佐伯監督から電話がきて「俺に遠慮しないで、お前たちで何とか撮れ」と云う事だった。セットは壊してしまってもう無い。降旗はカメラマンの星島一郎に相談すると大きなスポットライト一台で撮れば背景がわからないので空き地でも大丈夫」とのこと。高倉に追加カットをお願いして、なんとか撮った。皮肉な事にこのシーン、観客に受けた。以後、高倉健が殴り込みに行く、道行きのシーンには、主題歌が流れ「昭和残俠伝」の様式・名場面となり九作作られた。

降旗と高倉はその後、仕事の繋がりが無かったが、一年後の一九六六(昭和四一)年「地獄の掟に明日はない」で初めて高倉健主演の監督を務めた。以後、高倉主演で監督した作品は、「獄中の顔役」「新網走番外地」シリーズ六本。「日本女狭伝　真っ赤な度胸花」「捨て身のならず者」「ごろつき無宿」などが有る。

高倉が独立した二年後、降旗も東映から独立した。その後も交流が続き、「冬の華」「駅STATION」「居酒屋兆治」「夜叉」「あ・うん」「鉄道員(ぽっぽや)」「ホタル」「単騎、千里を走る」、そして高倉最後の作品となった「あなたへ」を監督。この間二〇本を監督した。黒澤明、三船敏郎コンビが一六本だから珍しく多い。

降旗康男監督が語る高倉健

降旗監督が、高倉健の没後、思い出を語っている。「独立後の健さんは、プロデューサーが新しい企画を提案しても簡単には応じなかった。どんな映画にするかが決まるまでに一年、それから最初の脚本を渡して修正を加え、最終的なＯＫが出るまでまた二年も三年もかかるといった具合です。

脚本に不満がある場合、どこが問題かは言わないのが健さん流の意思表示でした。脚本を渡してしばらくすると、お酒を持ってわが家を訪れ、テーブルに脚本を置いたまま世間話がはじまります。他人の噂話などでどんどん時間が経つ。それでこちらも「脚本が不満なんだな」とわかるので、「ところで脚本ですが、ここを直しましょうか」と提案するわけです。それで納得してくれたら、健さんは「あ、もう二時間もいちゃった。それじゃ、お疲れ様でした」と言って帰っていきました。そういう独特の意思表示です。

逆に、脚本が気に入った場合は、すぐわかりました。「これはいけるだろう」と自信のある脚本を送ったときは、そのあと、お酒を持って訪ねてくるときの顔つきが違います。眼にやる気があふれ、うちの家人に言わせると、玄関に立ったときの姿勢がまず違ったそうです。そういう点ではたいへん正直な方でした（略）。

「ホタル」（二〇〇一年公開）は実に思い出深い作品で、高倉健主演の映画で一本を選べといわれたら、私は「ホタル」を挙げます。もともと健さんから提案された企画で、一時は頓挫しかけたところで「再出発だ」と頑張って蘇生させたのも健さんでした。その意味では「高倉健の映画」と呼ぶにふさわしい作品です。（『高倉健』降旗康男著　文藝春秋社）

「ホタル」(東映、他・平成13年)
高倉健

降旗監督は次回作「風に吹かれて」も用意していた。高倉の入院の話は聞いていた。「病気がうまくいかない」と高倉から手紙をもらい、「回復するまで待っています」と返事をした。しかし、間もなくして訃報が届いた。亡くなったとき降旗は新聞社からコメントを求められたが「残念の一言に尽きる」と、短い一言を発するのがせいい一杯だった。降旗は虚脱感が襲い憔悴していった。新作の脚本は高倉を偲び遮断した。

結局「あなたへ」が最後の作品になった。この映画のクランクアップは高倉が門司港の岸壁を歩く長回しのラストシーンである。「今になって、健さんがどこかへ遠くへ去ってしまうように見えると言われますが、僕自身、あれが健さんの最後のシーンになってもいいように、との思いで撮ったんです。道がもっと長かったら、まだ健さんをカメラで追い続けて行きたかった。終わってほしくなかった」と降旗は語る。

この二人の友情は五七年間も続いた。こうした監督がいたことが、その後の高倉健を際立たせ支えた。その降旗康男も、高倉健が亡くなった五年後の二〇一九(令和元)年五月二〇日、肺炎で八四歳の生涯を閉じた。

〈高倉健と同世代に活躍した俳優〉　船越英二、根上淳、仲代達矢、長門裕之、宝田明、川口浩、里見浩太朗、小林旭、加山雄三、赤木圭一郎、菅原文太、津川雅彦、渡哲也、石坂浩二、千葉真一、梅宮辰夫、松方弘樹、北大路欣也、渡瀬恒彦、浜田光夫、高橋英樹、植木等、田中邦衛、佐藤浩市、岩下志麻、倍賞千恵子、三田佳子、山本陽子、浜美枝、星由里子、加賀まりこ、松原智恵子、吉永小百合、栗原小巻、藤純子、和泉雅子、中野良子、大原麗子、松坂慶子、宮下順子、関根恵子、田中裕子、大竹しのぶ、他。

あとがき　コロナ禍で危機状態が続く映画界！

いまの日本映画は圧倒的にアニメ映画が主流である。この原稿執筆中に「鬼滅の刃　無限列車編」が日本映画の歴代興収一位となったニュースが入って来た。現在も上映中で史上空前の興収四〇〇億円も見えてきた。「鬼滅の刃」のヒットは予想していたが、ここまでの超ヒットは考えていなかった。「君の名は。」の新海誠監督も「恐ろしい事が起きるんですね」と呆れる。まさに「鬼滅の刃」は何処まで動員記録を延ばすやら恐ろしい。とにかくアニメ映画がここまで映画界を席巻する現状に驚く。観客の映画嗜好が変わった。

確かに二〇二〇（令和二）年の世界の映画業界はコロナ禍で激変が起きた。世界の映画ベスト五も変わった。一二月末現在で二〇二〇年の世界年間興収ベスト五は「八百」「我和我的家郷」「Bad Boys foe Life」「テネット」「鬼滅の刃　無限列車編」である。内訳は中国映画が二本、アメリカ映画二本、日本映画一本である、

今年、中国と日本では、ハリウッド映画であっても「ムーラン」や「ワンダーウーマン1984」は期待されたが、振るわなかった。ハリウッド映画のアジアにおける影響力は、実は低下しているのかも知れない。ハリウッド映画は先にも記したが、製作本数と大作映画が今後、益々減少するだろう。

今年はハリウッド映画のヒットが無い国で「鬼滅の刃」が需要を埋める結果になった。この現象が一過性のものなのか。洋画の供給減少は映画業界の危機ではあるが、見方を変えれば日本映画に取ってチャンスかも知れない。日本を含むアジアコンテンツの拡大と成長へ繋がると考えるのは私一人だろうか。世界の映画人口数を見るとき、その思いを強くする。

世界の映画人口は、二〇一七（平成二九）年の統計では、一位インド一九億八、一〇〇万人、二位中国一六億二、〇〇〇万人。三位アメリカ一二億四、〇〇〇万人、以下四位メキシコ、五位韓国、六位ロシア、七位フランス、八位ブラジル、九位日本、一〇位イギリスである。

映画界の課題も見えて来た。最大の問題は「動画配信」である。ディズニーやワーナー映画などが進めている作品の劇場公開と配信の同時スタートは劇場には脅威だ。

また配信市場は、大作映画を独自で製作し配信している。この問題も深刻だ。まさに、映画館に客が来ない日のカウントダウンが始まった。

コロナ禍で映画界が未曽有の危機に直面している。作品の撮れない製作現場、買い付の開かない国際市場、上映作品不足の劇場（興行）など、各部門に難しい問題が山積する。この影響で製作会社、劇場の倒産は必ず起きるだろう。

現在の日本映画は、実写映画のマイナー化、小粒化が目立つ。大手映画会社の自主製作が無くなった事が大きい。映画の企画も日本だけでなく、世界市場を見据えて米国、中国、韓国など共同制作などを模索しないと先が暗い。このままだと実写映画が細る一方である。力のあるプロデューサーの出現を期待し、興行力のある大作を製作して欲しいと願わずにはいられない。

また現代社会は「個」の時代で、スマホで「見る」「聞く」「話す」が完結する。群がる必要が無くなってきた。しかし、ミニシアターが、かろうじてそうした映像文化の繋がり役としての位置を占めている。本書では映画の百二〇余年の歴史を紐解いてきたが、映画はその時代の波に呑まれ変遷していたことが良く分かる。変わらないのは、映像がコミュニケーション手段として最も優れている事である。

これからの日本映画、どんどん国際化しないと衰退する。政治、経済、社会、文化のグローバル化は世界の趨勢である。その波に乗り遅れないことを映画人に期待したい。

本書出版に当たり遅筆の筆者を温かく見守り支援していただいた、ごま書房新社社長・池田雅行氏、資料提供を頂いた稲元章博氏、古南晴三氏、写真整理の今井貴子氏に深く感謝申し上げたい。

二〇二一年三月

著者

〈参考文献〉

「日活四十年史」　坂本正編　日活株式会社
「松竹九十年史」　松竹株式会社
「東宝七十年 映画・演劇・テレビ・ビデオ作品リスト」　東宝株式会社
「東映の軌跡」　東映株式会社
「銀幕の至宝・新東宝の軌跡」　安藤正博編　コアラブックス
「日本映画一〇〇年～みそのコレクション～」　丹波清和編　朝日新聞社
「映画40年全記録」　嶋池孝麿編　キネマ旬報社
「日本映画俳優全集・男優編」　嶋池孝麿編　キネマ旬報社
「日本映画俳優全集・女優編」　嶋池孝麿編　キネマ旬報社
「日本映画俳優全史・男優編」　猪俣克人、田山力哉著　教養文庫
「日本映画俳優全史・女優編」　猪俣克人、田山力哉著　教養文庫
「日本映画名作全史・現代編」　猪俣克人著　教養文庫
「わが体験的 日本映画娯楽映画史」　田山力哉著　教養文庫
「週刊 昭和」　4～40　大内悟史編　朝日新聞出版
「ドキュメント昭和」④　NHKドキュメント昭和取材班編　角川書店
「現代の映画」　岩崎昶著　朝日新聞社
「映画渡世」（地の巻、天の巻）マキノ雅弘著　平凡社
「時代劇映画の思想」　筒井清忠著　PHP出版
「角川映画大全集」　バラエティ　昭和六一年六月号別冊　角川書店
「映画が人生を教えてくれた」　文藝春秋 季刊夏号（二〇〇九年）
「映画スター全集」⑧　近藤経一編　平凡社　昭和五年刊
「日本映画男優・女優100」　キネマ旬報社
「わたしの渡世日記」　高峰秀子著　文藝春秋
「女優が語る私の人生」　NHKサービス出版
「目玉の松ちゃん　尾上松之助の世界」　尾上松之助著　日本文教出版
「尾上松之助自叙伝」　春草堂出版
「時代劇六大スター 戦前篇」　ワイズ出版
「阪東妻三郎」　秋篠健太郎著　毎日新聞社
「剣戟王　阪東妻三郎」　丸山敞平著　ワイズ出版
「剣戟王　阪東妻三郎の素顔」　田村高廣著　ワイズ出版
「純情無頼　小説阪東妻三郎」　高橋治著　文藝春秋社
「阪妻・スターが魅せる日本映画黄金期」　山根貞男共著　太田出版
「鞍馬天狗のおじさんは」　竹中労著　ちくま文庫
「日本映画の若き日々」　稲垣浩著　毎日新聞社
「サムライ　評伝三船敏郎」　松田美智子著　文春文庫
「三船敏郎の映画史」　小林淳著　アルファーベータブックス
「三船敏郎全映画」　石熊勝巳・映画秘宝編集部編　洋泉社
「三船敏郎　さいごのサムライ」　毎日ムック
「紅の虹」　美空ひばり著　読売新聞　昭和三一年一〇月～
「美空ひばり～時代を歌う」　太下英治著　新潮文庫
「美空ひばり公式完全データブック」　西川昭幸編　角川書店
「俳優 高倉健　その足跡と美学」　谷口春樹著　青谷舎
「あなたに褒められたくて」　高倉健著　集英社
「高倉健」　文藝春秋社
「高倉健　七つの顔を隠し続けた男」　森功著　講談社
「高倉健　その愛」　小田貴月著　文藝春秋社
「往年のスターたち」　滝川和巳著　三田書房

<著者プロフィール>
西川 昭幸（にしかわ のりゆき）

1941年北海道生まれ。東洋大学社会学部卒。東映AG、角川春樹事務所、㈱時代村勤務を経て、現在、公益社団法人理事などを務める。主な著作には「北の映画物語」(北海タイムス社)、「美空ひばり公式完全データブック」(角川書店)、「活字の映画館」(ダーツ出版)、「日本映画100年史」(ごま書房新社)、「美空ひばり最後の真実」(さくら舎)、「昭和の映画ベスト10　男優・女優・作品」(ごま書房新社) などがある。

映画は変わった
主役はスターからアニメの時代へ

著　者　西川 昭幸
発行者　池田 雅行
発行所　株式会社 ごま書房新社
〒102-0072
東京都千代田区飯田橋3-4-6
新都心ビル4F
TEL 03-6910-0481(代)
FAX 03-6910-0482
カバーデザイン　(株)オセロ 大谷 浩之
DTP　ビーイング 田中 敏子
印刷・製本　精文堂印刷株式会社

ISBN978-4-341-08785-2 C0076